UTB 4296

W0064166

Eine Arbeitsgemeinschaft der Verlage

Böhlau Verlag · Wien · Köln · Weimar
Verlag Barbara Budrich · Opladen · Toronto
facultas.wuv · Wien
Wilhelm Fink · Paderborn
A. Francke Verlag · Tübingen
Haupt Verlag · Bern
Verlag Julius Klinkhardt · Bad Heilbrunn
Mohr Siebeck · Tübingen
Nomos Verlagsgesellschaft · Baden-Baden
Ernst Reinhardt Verlag · München · Basel
Ferdinand Schöningh · Paderborn
Eugen Ulmer Verlag · Stuttgart
UVK Verlagsgesellschaft · Konstanz, mit UVK/Lucius · München
Vandenhoeck & Ruprecht · Göttingen · Bristol
vdf Hochschulverlag AG an der ETH Zürich

Martin Lehner

Viel Stoff – schnell gelernt

Prüfungen optimal vorbereiten

Haupt Verlag

Martin Lehner, Prof. Priv.-Doz. Dr. phil., arbeitet seit 2005 an der Fachhoch-schule Technikum Wien. Er leitet das Institut für Sozialkompetenz und Ma-nagementmethoden und zeichnet für die Bereiche Didaktik und Hochschul-entwicklung verantwortlich. Der habilitierte Erziehungswissenschaftler war nach einer Tätigkeit als Personalentwickler bei IBM selbstständiger Trainer und Berater, anschließend Prozess-Coach bei der TUI. Von 1998 bis 2005 war er an der Fachhochschule Vorarlberg, davon drei Jahre als Vizerektor.

1. Auflage 2015

Die Deutsche Bibliothek – CIP Einheitsaufnahme
Die Deutsche Nationalbibliothek verzeichnet diese Publikation in der Deutschen Nationalbi-bliografie; detaillierte bibliografische Daten sind im Internet über http://dnb.dnb.de abrufbar.

2015 © by Haupt, Berne.

Umschlaggestaltung: Atelier Reichert, Stuttgart
Satz: Verlag Die Werkstatt, Göttingen

Printed in Germany

UTB-Band-Nr.: 4296
ISBN 978-3-8252-4296-1

Inhaltsverzeichnis

Vorwort

Liebe Leserinnen, liebe Leser,

große Stoffmengen und kleine Zeitbudgets sind mehr denn je eine große Herausforderung – für Studierende, aber auch für alle anderen Lernenden, die sich auf ihre Prüfungen vorbereiten. Die Gründe sind vielfältig: Die Wissensbereiche werden immer differenzierter, die Komplexität der Inhalte nimmt zu, und die Zeitbudgets für die Lehre bleiben im besten Fall unverändert. Trotzdem sollen in der Regel möglichst viele Inhalte vermittelt und anschließend auch gelernt bzw. geprüft werden.

Das vorliegende Buch möchte Sie bei Ihrer Prüfungsvorbereitung unterstützen. Es hilft Ihnen zu klären, welche Lern- bzw. Prüfungsziele es zu erreichen gilt, mit welchem Anspruchsniveau zu rechnen und welcher Prüfungstyp vorgesehen ist. Gleichzeitig leitet es zur Reflexion Ihrer persönlichen Ziele an: Wollen Sie mit einer ausgezeichneten Leistung brillieren, sind Sie mit einer Platzierung im Mittelfeld der Notenskala zufrieden, oder geht es um das reine „Durchkommen"? Die eigentliche Prüfungsvorbereitung dreht sich dann vor allem um drei Fragen:

1. Wie wähle ich die Prüfungsinhalte so aus, dass ich der Vollständigkeitsfalle entgehe und stattdessen das (für die Prüfung) Wesentliche herausarbeite und gleichzeitig einen Überblick gewinne?
2. Wie bereite ich die Prüfungsinhalte gut abrufbar auf, das heißt, wie organisiere und verdichte ich das Wissen so, dass ich es über Schlüsselbegriffe, Organisationshilfen und „verdichtete" Konzepte möglichst schnell verfügbar habe?
3. Wie lassen sich Prüfungsinhalte memorieren, das heißt, wie lässt sich das Wissen anreichern und vertiefen, um es gut mit dem eigenen Vorwissen zu verknüpfen, und wie lässt es sich daran anschließend wirksam wiederholen und üben?

„Viel Prüfungsstoff – schnell gelernt" zeigt Ihnen, wie Sie Prüfungsinhalte gezielt auswählen, gut abrufbar aufbereiten und erfolgreich memorieren. Anhand vieler konkreter Beispiele können Sie nachvollziehen, wie es gelingen kann, der Vollständigkeitsfalle zu entgehen und erfolgreich „auf den Punkt" zu lernen. Dabei habe ich mich bemüht, möglichst viele fachliche Disziplinen zu berücksichtigen.

Zum Entstehen dieses Buches habe ich viele Anregungen bzw. Impulse erhalten. Die Arbeit an einer technischen Hochschule mit ihren umfangreichen und komplexen Inhalten ist ein solcher Impuls. Sowohl von den Studierenden als auch von den Hochschullehrenden sind immer wieder Hinweise und Tipps zum richtigen Prüfungslernen gewünscht und manchmal auch eingefordert worden. Persönlich erwähnen möchte ich zum wiederholten Male Günter Strauch, der die Erstfassung gelesen und kommentiert hat, und Martin Lind, der das Buch von der Entstehung bis zum Lektorat fachkundig begleitet hat. Herzlichen Dank!

Allen Leserinnen und Lesern wünsche ich viel Freude und Erfolg mit diesem Buch.

Martin Lehner

1 Lernen für die Prüfung – die Herausforderungen

Inhalt

Zusammenfassung

Die genaue Kenntnis der Prüfungssituation und der zu erwartenden Prüfungsaufgaben (1.1) sind für eine optimale Prüfungsvorbereitung sehr hilfreich. So gilt es zu klären, welche Inhalte vermutlich geprüft und welche Lernhandlungen bei welchen Arten von Aufgaben gefordert sein werden. Eine zentrale Rolle spielt dabei das Verhältnis von Auswendiglernen und Verstehen (1.2). Beide Lernformen stehen in einem engen Zusammenhang, denn für ein Verstehen ist in der Regel ein ad hoc verfügbares, sozusagen automatisiertes oder eben auch auswendig gelerntes Wissen hilfreich.

1.1 Prüfungssituation und Prüfungsaufgaben

Wer sich für eine Prüfung vorbereiten will, muss sich zunächst mit den jeweiligen **„Spielbedingungen"** auseinandersetzen. Auf der Seite der Lehrveranstaltung bzw. des Studienprogramms gilt es zu klären: Welche Lern- bzw. Prüfungsziele (auch: Lernergebnisse) sind zu erreichen? Mit welchem Anspruchsniveau ist in der Prüfung zu rechnen? Welcher Prüfungstyp ist vorgesehen: schriftlich, mündlich, praktisch oder eine Kombination? Auf der individuellen Seite gilt es zu bedenken, mit welchen persönlichen Zielen Sie in die Prüfung gehen: Wollen Sie mit einer ausgezeichneten Leistung brillieren, sind Sie mit einer Platzierung im Mittelfeld der Notenskala zufrieden, oder geht es um das reine „Durchkommen"?

Zunächst sollten Sie überlegen, welche Art von **Prüfungsleistungen** von Ihnen erwartet wird, da der Typus der gestellten Aufgaben die Art des vorbereitenden Lernens erheblich beeinflusst. Allgemein lassen sich die folgenden Aufgabenbereiche unterscheiden:

▶ **Reproduzieren und erläutern:** Grundsätzlich geht es bei dieser Aufgabenart darum, bestimmte Sachverhalte wiederzugeben. Der Terminus „reproduzieren" verweist darauf, dass das Verstehen des wiedergegebenen Sachverhalts nicht unbedingt zur Prüfungsleistung gehört. Beispiele: „Definieren Sie den Begriff ‚Sozialisation'." (Soziologie) – „Nennen Sie die Voraussetzungen zur Anwendung des § 345 StPO." (Jura/Jus) – „Nennen Sie zwei Maßnahmen, mit denen die Ausblühungsneigung von Betonoberflächen verringert oder zur Gänze vermieden werden kann." (Baustofftechnik) – Der Terminus „erläutern" hingegen bedingt, dass der Sachverhalt nachvollziehbar und damit auch nacherklärbar verstanden wurde. Beispiele: „Erläutern Sie das Funktionsprinzip des Dieselmotors." (Physik) – „Erläutern Sie den Terminus ‚Priming' anhand eines selbst gewählten Beispiels." (Psychologie) – „Nennen und erläutern Sie kurz die drei wesentlichen Regeln, die Sie bei der Besetzung von Orbitalen in Mehrelektronensystemen beachten müssen." (Chemie)

▶ **Anwenden und umsetzen:** Diese Aufgabenart bezieht sich auf bestimmte Fälle oder Situationen und hat häufig einen Bezug zur Praxis. Nicht selten muss auch gerechnet werden. Beispiele: „Berechnen Sie das Integral der Funktion $(x^3 + x^2 + x)$ in den Grenzen von 1 bis 2." (Mathematik) – „Erstellen Sie einen Projektstrukturplan für das Projekt PUMA." (Projektmanagement) – „Angenommen, eine Klientin kommt mit dem Anliegen XYZ zu Ihnen in die Rechtsberatung. Unter welchen Voraussetzungen greift hier der § 237a SGB VI?" (Jura/Jus).

▶ **Analysieren und entwickeln:** Im weitesten Sinne geht es bei dieser Aufgabenart darum, einen bestimmten Kontext zu erfassen und die Zusammenhänge zu erkennen. Wer analysiert, erfährt etwas über das Zusammenspiel einzelner Faktoren und kann dieses erläutern, beurteilen und ggf. für eine neue Problemlösung nutzen. Beispiele: „Analysieren (Beurteilen) Sie die Messergebnisse in Hinblick auf die gesuchte Strukturformel." (Chemie) – „Evaluieren Sie den bezeichneten Lernprozess und die vorliegenden Ergebnisse hinsichtlich der Kriterien A und B." (Pädagogik) – „Entwickeln (Überlegen) Sie ein kostengünstiges Verfahren zur Herstellung von Stahl mit den Eigenschaften X und Z." (Werkstoffkunde).

In Abb. 1 sind die möglichen Aufgaben- bzw. Prüfungsbereiche, die dazugehörigen Lernhandlungen und weitere exemplarische Aufgaben aufgeführt. Die vorgenommene Unterteilung in die **Aufgabenbereiche** ist zwar nicht ganz trennscharf, bietet aber doch eine gute Orientierung, welche Lern- bzw. Prüfungsleistungen von Ihnen erwartet werden. Sie müssen sich klarmachen, dass die drei Bereiche nicht im Sinne von Lern- oder Prüfungsstufen zu verstehen sind. Das „Reproduzieren" kann sowohl ganz einfach sein – etwa wenn die vier Fälle der deutschen Sprache (Deutsch) gefragt sind – als auch sehr anspruchsvoll – etwa wenn der Zitronensäurezyklus (Biologie) gefragt ist. Es ist auch möglich, dass jemand etwas anwenden kann, beispielsweise die Methode der Partialbruchzerlegung zur Berechnung von bestimmten Integralen (Mathematik), ohne diese aber verstanden zu haben.

Aufgabenbereiche	Ihre **Tätigkeiten**	Beispielhafte **Aufgabenstellungen**
Reproduzieren und erläutern ➜ Begriffe, Modelle, Konzepte	nennen, definieren, umschreiben, erklären, interpretieren	• Nennen und erläutern Sie den zweiten Hauptsatz der Thermodynamik. • Erklären Sie, warum der Stromkreislauf mit einem Wasserkreislauf vergleichbar ist. • …
Anwenden und umsetzen ➜ Fälle, Situationen, Probleme	berechnen, lösen, anwenden, übertragen, umsetzen	• Berechnen Sie in der folgenden Schaltung alle Widerstände und Teilströme. • Wenden Sie den zweiten Hauptsatz der Thermodynamik auf den Dieselmotor an. • …
Analysieren und entwickeln ➜ Vergleiche, Bewertungen, Problemlösungen	vergleichen, beurteilen, evaluieren, auswerten, entwickeln	• Bewerten Sie Vor- und Nachteile der vorliegenden drei Kameratypen. • Entwickeln Sie eine Schaltung zur Überwachung des Flüssigkeitsstandes in einem Gefäß. • …

Abbildung 1: Lernergebnisse und Aufgabenstellungen

All dies spricht dafür, sehr genau zu klären, welche **Prüfungsleistung** von Ihnen erwartet wird, um Enttäuschungen zu vermeiden. Falls Sie sich auf das Lernen von Faktenwissen (ZDF: Zahlen, Daten, Fakten) konzentrieren: Sind Sie wirklich sicher, dass Anwendungen und praktische Fälle nicht gefragt werden? Wer am Anfang seines Studiums steht, dessen Lernen ist möglicherweise noch stark schulisch sozialisiert, d. h., von der Idee geleitet, es gehe im Wesentlichen darum, wiederzugeben, was die Lehrenden gesagt bzw. vermittelt haben. Es kann aber durchaus sein, dass das reine Auswendiglernen von Faktenwissen gar nicht gefragt ist, sondern eher das Verstehen von Sachverhalten und damit das fachliche Denken, insbesondere das Hinterfragen und Analysieren.

Die Situation kann aber auch ganz anders sein: Sie haben recht anspruchsvolle und komplexe Dinge gelernt und werden plötzlich von anscheinend ein-

fachen Definitions- und Aufzählaufgaben überrascht. Dazu ist zweierlei anzu-
merken: Zum einen hat das sogenannte Faktenwissen seine Berechtigung, weil
es eine gezielte fachliche Wahrnehmung ermöglicht. Wer nicht weiß, dass die
Französische Revolution im Jahr 1789 stattfand, kann dieses Ereignis nicht
historisch einordnen. Wer den Impulserhaltungssatz nicht kennt, dem fehlen
wichtige Grundlagen für weitergehende physikalische Überlegungen. Und wer
die Prüfkriterien für die Krankheit X nicht parat hat, der könnte später in der
ärztlichen Praxis nur mäßig erfolgreich sein. Fachliches Wissen und Können
sind also durchaus miteinander verknüpft. Zum anderen gibt es auch prüfungs-
ökonomische Gründe für das Abfragen von Details. Derartige Aufgaben lassen sich in der Regel zügig formulieren, zusammenstellen und korrigieren, evtl.
sogar in einer über eine Lernplattform automatisierten Form.

Eng verbunden mit der Überlegung, welche Art von Prüfungsleistungen
Sie erbringen sollen, ist die Frage nach den üblichen **Aufgabenstellungen.** Hier
lohnt sich die Analyse älterer Prüfungen: Sie erfahren dabei nicht nur, welche
Schwerpunkte bisher gesetzt wurden, d. h., welche Themengebiete wie häufig
und wie intensiv Gegenstand von Prüfungen waren, sondern auch, in welcher
Form diese Themengebiete abgeprüft wurden. Sollten die Aufgaben in Frage-
form vorliegen, so lässt sich anhand von Abb. 2 nachvollziehen, wie diese in
Aufgabenstellungen umzuformulieren sind.

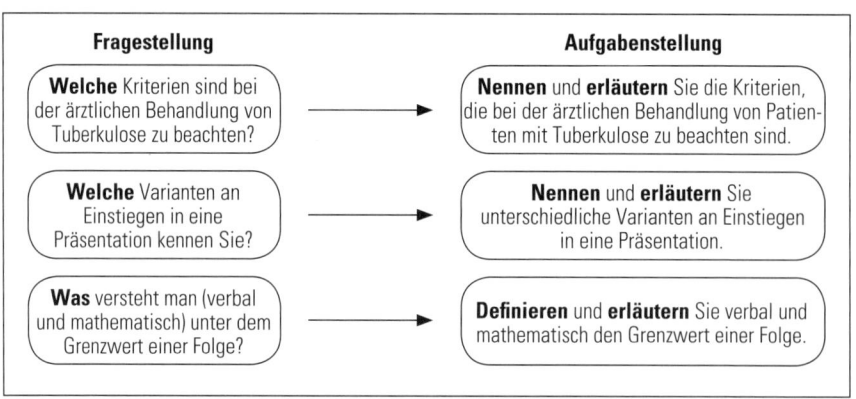

Abbildung 2: Umformulierung einer Fragestellung in eine Aufgabenstellung[1]

Sie werden feststellen, dass – obgleich **Prüfungen** grundsätzlich schriftlich,
mündlich oder praktisch abgehalten (→ Abb. 3) werden können – die schriftlichen Leistungsfeststellungen doch mit weitem Abstand dominieren, wegen
der häufig großen Anzahl von Studierenden vor allem in den ersten Semestern.

Mündliche Leistungsfeststellungen gibt es eher studiengangsspezifisch, ebenso die noch selteneren praktischen Prüfungen.

Schriftliche Prüfungsformen	Mündliche Prüfungsformen	Praktische Prüfungsformen
• Klausur • Single-Choice- bzw. Multiple-Choice-Aufgaben • Fallstudie • Schriftliche Ausarbeitung (z. B. Seminararbeit, Projektarbeit, Protokoll) • Praxisbericht • Hausarbeit • Lerntagebuch, Lernjournal • Portfolio (Lernfortschritte, Forumsbeiträge, Projektdokumentation usw.) • E-Prüfungen (Online-Textbearbeitung, Wikis, Multiple Choice usw.)	• mündliche Einzelprüfung • mündliche Gruppenprüfung (bzw. Einzelprüfung in der Gruppe) • (mündliches) Referat • Präsentation (als Vortrag bzw. Posterpräsentation) • Stellungnahme zu Sachverhalten	• Praktischer Arbeitsauftrag mit Beobachtung und Reflexion • Leitung bzw. Moderation von Gesprächen oder Diskussionen • Rollenspiel • Planspiel/Simulation (z. B. „Moot Court")

Abbildung 3: Prüfungsformen

Aufgaben lassen sich in verschiedenen **Aufgabentypen** darbieten (→ Infotafel 1). Am Beispiel von Single- oder Multiple-Choice-Tests lässt sich gut nachvollziehen, dass der Aufgabentyp und die damit gewünschten bzw. notwendigen Lernhandlungen trotzdem genau zu analysieren sind. In vielen Fällen wird über derartige Auswahlaufgaben Faktenwissen abgefragt. In diesem Fall kann es reichen, Auswendiggelerntes zu reproduzieren (Beispiel: Fahrprüfung). Die Auswahlaufgaben können aber auch so gestellt sein, dass sie ohne ein tieferes Verständnis des Sachverhalts nicht zu beantworten sind. Ein derartiger Sonderfall sind etwa Multiple-Choice-Aufgaben, die sich auf vorangestellte Aussagen beziehen, z. B. (A) Aussagen 1 und 2 treffen zu. (B) Keine Aussage trifft zu. (C) Nur Aussage 3 trifft zu. Ähnliche Überlegungen sind für Klausuren anzustellen. Sie können dort auf einfache, offen gestellte Aufgaben treffen, die sich leicht auf der Stufe der Reproduktion beantworten lassen, oder aber auf Anwendungsaufgaben, die Ihnen sowohl viel Wissen als auch tieferes Verständnis abverlangen.

Infotafel 1: Aufgabentypen (insbesondere Klausuren und mündliche Prüfungen)

▶ Auswahlaufgaben (Single-Choice, Multiple-Choice)
▶ Definitionsaufgaben
▶ Einsetz-, Zuordnungs-und Ergänzungsaufgaben
▶ Berechnungsaufgaben
▶ Offene Fragen
▶ Theorie bzw. Konzept in einem konkreten Fall anwenden
▶ Theorie bzw. Konzept analysieren und weiterentwickeln
▶ Problem bearbeiten (Fragestellung formulieren und Lösung wissensgeleitet skizzieren)

Als grobe Faustregel für die Vorbereitung können Sie davon ausgehen, dass Sie besonders intensiv üben müssen, falls Sie es mit Berechnungen, konkreten Anwendungen oder stark praxisbezogenem Wissen zu tun haben. „Anwenden und umsetzen" bzw. „Analysieren und entwickeln" sind die Bereiche, in denen Üben in besonderem Maße erforderlich ist. Natürlich kann das auch für schwierige Auswahlaufgaben gelten, doch liegt der Schwerpunkt eher auf den Aufgaben mit Praxisbezug.

Hinsichtlich der Prüfungssituation gilt es für Sie, noch kurz zu überlegen, mit welchen **persönlichen Zielen** Sie in die Prüfung gehen: Wollen Sie mit einer ausgezeichneten Leistung abschließen, oder geht es für Sie eher um das reine „Durchkommen"? In die Beantwortung dieser Frage spielen Ihr aktueller Wissensstand, die für die Vorbereitung verfügbare Zeit und die Art Ihres bisherigen Lernens für Prüfungen hinein. Als „Ab-und-zu-Lerner" oder als „2-Tage-Lerner" werden Ihre Voraussetzungen schlechter sein, als wenn Sie ein strategisch agierender „Dauerlerner" sind. Doch egal, wie Sie die Fragen nach Ihren persönlichen Prüfungszielen und Ihrer aktuellen Situation beantworten, können wir wohl davon ausgehen, dass ein „Möglichst-schnell-Gelernt" Ihr zumindest kurzfristiges Prüfungsziel ist. Eine Zusammenfassung unserer Überlegungen bietet Abb. 4:

Zum Inhalt	• Welche Inhalte werden vermutlich geprüft? • Wo muss ich besonders tief in den Stoff eindringen?
Zu den Materialien	• Gibt es Mitschriften, Skripten oder Bücher? • Welche weiterführende Literatur muss ich eventuell bearbeiten?

Zu den Lernhandlungen	• Muss ich Wissen
	  – reproduzieren und erläutern?
	  – anwenden und umsetzen?
	  – analysieren und entwickeln?
	• Ist etwas zu entwickeln, z. B.
	  – ein Standpunkt?
	  – eine kritische Reflexion?
	  – ein Vorgehensmodell?

Zur Aufgabenform	• Muss ich etwas ankreuzen (Multiple Choice)? • Ist etwas zu rechnen? • Ist etwas aufzuschreiben (Stichworte, Sätze)?
Zur Prüfungsform	• Mündlich, schriftlich oder praktisch? • 30, 60 oder 180 Minuten?

Abbildung 4: Übersicht Prüfungssituation

1.2 Auswendiglernen oder verstehen?

Wenn Sie sich auf eine Prüfung vorbereiten, ist es durchaus wichtig zu klären, welche Rolle dabei dem eher mechanischen Auswendiglernen im Vergleich zum verstehensorientierten Lernen zukommt. Sind Auswendiglernen und Verstehen Gegensätze? Dieser Eindruck könnte durchaus entstehen, wenn man sich entsprechende Positionen vergegenwärtigt:

▸ **Position A („Auswendiglernen"):** Im „Survival Guide Bachelor" finden Sie die folgende Aussage: „Bachelorstudium heißt Auswendiglernen. Wir haben schon verschiedentlich darauf hingewiesen, dass du als Bachelorstudent(in) große Stoffmengen auswendig lernen musst, in jedem Fall deutlich mehr als die Kommilitoninnen und Kommilitonen aus den dahinschwindenden Zünften der Diplom- und Magisterstudiengänge." Eines der zentralen „Prinzipien des Auswendiglernens von Folien und Skripten" lautet dann: „Keine schriftlichen Zusammenfassungen: Schriftliche Zusammenfassungen von Texten anzufertigen, ist prinzipiell ein geeignetes Mittel, um sich einen Themenkreis zu erschließen. Leider ist dieses Prozedere aber auch sehr zeitaufwendig. Da sich Bachelorstudiengänge durch ein besonders dichtes Lehrprogramm auszeichnen, das außerdem mit vielen singulären Prüfungen gespickt ist, solltest du diese Lernmethode

ganz schnell ad acta legen. Außerdem gehen zu viele prüfungsrelevante Informationen verloren, wenn du am Ende nur deine Zusammenfassungen
lernst. In Klausuren werden Folien, Skripte und Lehrbücher oft wortgetreu
abgefragt, und auch Inhalte von Fußnoten können Bestandteil einer Frage
sein."[2]

▸ **Position B ("Verstehen")** betont eher die Rolle des Verstehens und pos-
tuliert einen „Vorrang des Verstehens vor aller Wissensanhäufung".[3] Im
Arbeitsbuch „Handlungsorientiert Lernen im Studium" heißt es dazu:
„Grundsätzlich lernen Sie mit Verstehensorientierung am besten. Auswendiglernen kurz vor Prüfungen (‚Surface Approach') ist keine nachhaltige
Lernstrategie."[4] Aus Sicht eines Studierenden klingt dies ähnlich: „Ich habe
schon etliche Prüfungen gesehen, wo die Kandidaten zwar alles, was im
Skriptum ist, gekonnt hatten, jedoch das, was sie an die Tafel geschrieben
hatten, nicht begründen bzw. herleiten konnten und deshalb die Prüfung
noch einmal machen müssen."[5]

Lassen Sie uns zunächst überlegen, welche Rolle dem **Auswendiglernen** zukommen kann. Sofern Auswendiglernen auf die bloße Reproduktion von Fakten beschränkt ist – oft spricht man von mechanischem Lernen –, wird es aus
einer Perspektive betrachtet, die in bestimmten Situationen – beispielsweise bei
großer Zeitknappheit – durchaus ihre Berechtigung hat. Darüber hinaus kommt
dem Auswendiglernen aber eine weitere Bedeutung zu, wenn Sie bedenken,
dass Wissen im Allgemeinen, insbesondere auch Strukturwissen, unsere Wahrnehmung beeinflusst. „Your knowledge determines your perception" heißt es
dazu beim Psychologen Steven PINKER – oder eben umgangssprachlich: „Man
sieht nur, was man weiß." Wer nicht weiß, was eine Kathedrale ist, sieht eben
nur einen Haufen Steine.

Der Philosoph Karl POPPER spricht von einem „Scheinwerfermodell des
menschlichen Geistes" und meint damit, dass Menschen nur jene Aspekte der
Welt zu Gesicht bekommen, auf die sie ihre „Scheinwerfer", d. h. ihre Begriffe,
Modelle und Vorstellungen, richten. Was nicht angeleuchtet wird, verbleibt
im Dunkeln.[6] Wer ein bestimmtes Wissen – dazu gehören faktische Details
genauso wie Definitionen oder Modelle – verfügbar hat, der kann weitergehende Informationen ableiten bzw. rekonstruieren. Typische Beispiele sind:

▸ **Chemie:** Falls Sie wissen, dass sich die Stoffgruppe der Alkohole durch eine
oder mehrere sogenannte Hydroxygruppen ($-O-H$) auszeichnet, können
Sie einwertige (z. B. Ethanol) und mehrwertige (z. B. Propan-1,2-diol) Alkohole anhand ihrer Strukturformel identifizieren.

▸ **Französisch:** Wer die wenigen weiblichen Substantivformen mit der Endung „age" kennt – z. B. la cage, à la nage, la page, la plage, la rage, sans ambages –, der weiß mit großer Sicherheit, dass jedes andere Wort auf „age" männlich ist, z. B. le garage.

▸ **Stochastik:** Wer die Gauß'sche Normalverteilung mit ihren wichtigsten Parametern (Mittelwert, Standardabweichung) kennt, der weiß, dass sich bei etwa 68 Prozent aller Messwerte eine Standardabweichung und bei etwa 95 Prozent aller Messwerte zwei Standardabweichungen oberhalb oder unterhalb des Mittelwertes befinden. Das Wissen über diese Wahrscheinlichkeitsverteilung erlaubt die Interpretation von Messergebnissen.

▸ **Medizin:** Nur wenn Sie wissen, was die typischen Symptome der Hand-Fuß-Mund-Krankheit sind – u. a. sind dies hohes Fieber, eine bestimmte Art von Bläschenbildung an Händen und Füßen sowie Ausschlag im Mundbereich –, können Sie diese Krankheit auch diagnostizieren.

Auf einen interessanten Aspekt des sogenannten Auswendiglernens, das oft mit mechanischer Reproduktion gleichgesetzt wird, weist der Literaturwissenschaftler und Philosoph George Steiner hin: „Das deutsche Wort ‚auswendig' verfehlt die ganze Pointe. Man sagt auf Englisch ‚by heart', mit dem Herzen, man sagt in Französisch ‚par cœur', mit dem Herzen – nicht mit dem Gehirn. Was man auswendig lernt, liebt man. Es wird Teil unser selbst."[7] Dadurch, dass Sie etwas auswendig lernen, erweitern Sie Ihr Wissen und damit die **Möglichkeit, bestimmte Sachverhalte wahrzunehmen** und zu erfassen, aber auch weitergehende Aspekte zu erinnern bzw. zu rekonstruieren.

Als Zwischenfazit lässt sich also festhalten, dass – trotz der scheinbar gegensätzlichen Positionen A und B – Auswendiglernen und Verstehen nur dann wirkliche Gegensätze sind, wenn das Auswendiglernen auf ein (im negativen Sinne) oberflächenorientiertes Lernen, also ein oberflächliches Lernen reduziert würde (→ Infotafel 2). In diesem Falle entspräche das Lernen einer Konsumhaltung, die auf die bloße Reproduktion von Fakten setzt und dabei auf eher Oberflächliches, z. B. Schlagwörter, zugreift. Sofern auswendig gelernte und damit ad hoc verfügbare Begriffe, Modelle und Konzepte den Zugriff auf weitergehende Sachverhalte, Aufgaben und Konzepte ermöglichen, verweisen sie auf einen nützlichen **Zusammenhang zwischen Auswendiglernen und Verstehen.**

Infotafel 2: „Surface approach" vs. „Deep approach" (nach MARTON & SALJÖ)

Ein Lerngegenstand bzw. eine Lernaufgabe lässt sich auf unterschiedliche Weise angehen:

▸ „Surface approach": Das Ziel besteht darin, den Stoff auswendig zu lernen. Merkmale: (häufig massierte) Wiederholungen, „data-reproducing".

▸ „Deep approach": Das Ziel besteht im Verständnis des Lehrstoffs. Merkmale: Herstellen von Zusammenhängen, Aufzeigen von Verbindungen zwischen den verschiedenen Aspekten, „knowledge-making".

Je nach Einschätzung der Lern- bzw. Prüfungssituation wechseln Studierende zwischen „surface approach" und „deep approach". Ein solcher Wechsel kann sogar noch direkt beim Lernen geschehen: Wenn beispielsweise der Lernstoff als zu schwierig empfunden wird oder das verbleibende Zeitbudget äußerst gering ist, kann ein Wechsel vom „deep approach" zum „surface approach" erfolgen. Demzufolge beschreiben die beiden „approaches" auch nur das Lernverhalten von Personen, keinesfalls aber die Personen selbst, was auch empirisch gezeigt werden konnte.[8]

Für ein **Verstehen** ist also sehr wohl ad hoc verfügbares, sozusagen automatisiertes oder eben auch auswendig gelerntes Wissen erforderlich; anderenfalls würde die gesamte Aufmerksamkeit auch für elementare Prozesse – die Worterkennung beim Lesen, das Beherrschen des Einmaleins – absorbiert, sodass für das Herstellen von Sinnzusammenhängen wenig Aufmerksamkeit übrig bliebe. Verstehen setzt voraus, dass sich die Wahrnehmung eines Phänomens oder eines Sachverhalts auf eine Weise vollzieht, bei der sich das Neue stimmig in das vorhandene Wissen einfügt. Dieser aktive Konstruktionsprozess schafft Verknüpfungen zwischen Bekanntem und Neuem und erweitert damit die individuellen Deutungsmuster der betreffenden Person. Gelingt das Verstehen, dann lassen sich Sachverhalte „aus eigener Kraft" nachvollziehen und rekonstruieren.

Wenn Sie daran interessiert sind, Ihr eigenes Verstehen zu überprüfen, sollten Sie sich fragen:

▸ Erkenne ich, was wichtig ist?

▸ Erkenne ich, welche zentralen Botschaften im Text oder in den anderen Unterlagen enthalten sind?

▸ Verstehe ich, was der Text oder die Aufgabe mir abverlangt?[9]

Darüber hinaus ist es grundsätzlich so, dass jede Art von **Transformationsleistung** geeignet ist, um Verstehen zu diagnostizieren. Wer Sachhalte inhaltlich konzentriert, sie „auf den Punkt bringt", Wesentliches von Unwesentlichem scheidet – immer vor dem Hintergrund einer bestimmten Zielstellung –, der liefert Belege für gelungene Verstehensleistungen. Typische Transformationsleistungen, die das Verstehen gleichermaßen befördern und belegen, sind:

▸ **Schriftlich umschreiben:** Inhalte in eigenen Worten formulieren, d. h. umschreiben bzw. paraphrasieren;

▸ **Reduzieren:** Inhalte „auf den Punkt bringen", also beispielsweise in Halbsätze oder Stichworte fassen;

▸ **Neue Gliederung(en) erstellen:** Inhalte (Stichworte, Argumente, Formeln) in eine neue Reihenfolge bringen – im besten Fall ist diese sogar schlüssiger als die des Originals;

▸ **Mündlich vortragen:** Inhalte nach Stichworten referieren;

▸ **Strukturen erfassen:** Inhalte in Form einer Fachlandkarte oder Mind-Map abbilden.

Anhand des **Lernens aus Beispielen** können Sie den Prozess des Verstehens nachvollziehen. Hier zeigt die Forschung, dass die übliche Vorgehensweise – nach der Einführung eines Prinzips (z. B. Satz des Pythagoras) wird (nur) ein Beispiel gezeigt, und anschließend bearbeiten die Lernenden Aufgaben – wenig effektiv ist. Besser ist es, wenn Sie erst mehrere Beispiele bearbeiten, diese nach und nach erschließen, um dann „verstehensorientiert" und selbstständig Aufgaben zu bearbeiten. Würden Sie die Aufgaben bearbeiten und hätten die entsprechenden (z. B. physikalischen, mathematischen) Grundlagen noch nicht „gecheckt" bzw. verstanden, dann würden Sie versuchen, die Aufgaben „irgendwie" zu lösen, z. B. durch das Ausprobieren eventuell relevanter Formeln, und sich mit quasi oberflächlichen Strategien zur Lösung „durchwurschteln".[10]

Man weiß, dass das Verstehen der Beispiele unterstützt werden kann, indem die Lernenden mit sogenannten Prompts (Leitfragen, Aufforderungen) angehalten werden, sich die Logik der Beispiellösung bewusst zu machen.[11] Dies bedeutet für Sie, dass es sinnvoll sein kann, auf Lehr- bzw. Arbeitsbücher zurückzugreifen, die Verständnisfragen o. Ä. für Sie bereithalten. Die sogenannten Selbsterklärungen („Self-Explanation"-Effekt), bei der Sie sich die Logik von Beispielen bewusst machen, lassen sich entwickeln und trainieren.[12] Insbesondere können Sie viel aus (Lösungs-)Beispielen lernen, wenn Sie die Begründungslücken über Schlussfolgerungen füllen.

Eine weitere Transformationsleistung, die das Verstehen gleichermaßen belegen wie befördern kann, ist das **Vereinfachen eines Sachverhalts.** Dieser Vorgang ist insofern herausfordernd, als eine Vereinfachung immer eine Grat-

wanderung ist, die einerseits auf Fasslichkeit und Verständlichkeit zielt, andererseits aber auch Sachgerechtigkeit – vielleicht sogar Wissenschaftlichkeit –
zum Maßstab hat. Stets gibt es unterschiedliche Grade der Vereinfachung, und
Sie müssen – häufig auf sich allein gestellt – so agieren, dass das Ergebnis aus
Sicht der Fachleute annehmbar ist.

Wiewohl dem Verstehen beim Auswählen, Aufbereiten und Abrufen der
Lerninhalte eine größere Bedeutung zukommt, soll doch auf ein großes **Missverständnis** hingewiesen werden, das in diesem Zusammenhang immer wieder aufkommt. Würde man dieses Missverständnis in eine Formel kleiden, so
würde diese:

„Verstehen = Lernen" bzw. „verstanden = gelernt"

lauten. Verena SCHNEIDER berichtet aus eigener Erfahrung: „Ich musste immer
wieder feststellen, dass man Aufgaben wirklich selbst durcharbeiten muss. Es
genügt nicht, nur die Schritte der Musterlösung nachzuvollziehen. Es kam
nämlich häufig vor, dass ich die einzelnen Schritte verstanden hatte. Wollte ich
aber die Übungsaufgabe noch einmal selbstständig lösen, blieb ich doch das
eine oder andere Mal mitten in der Aufgabe stecken. Das zeigt, dass Verstehen
noch lange nicht heißt, dass man etwas auch selbstständig lösen kann."[13] Oder
in den Worten von Martin KRENGEL: „Etwas zu verstehen und etwas erklären
zu können ist nicht dasselbe."[14]

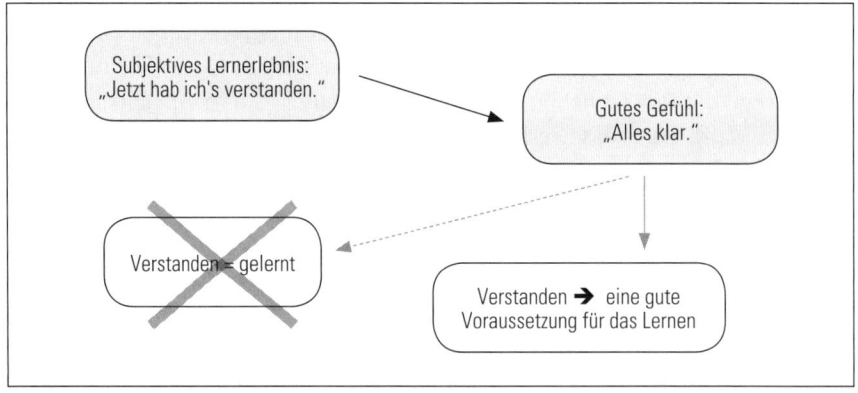

Abbildung 5: Verstehen und Lernen

Lernende setzen ein **subjektives Lernerlebnis** („Jetzt hab ich das gecheckt!"),
das vor allem auf einem anscheinend erfolgreichen „Verstehen" oder „Nachvoll-

ziehen" beruht, häufig mit dem gesamten Lernprozess gleich. Sitzen Sie diesem Missverständnis nicht auf! „Verstehen" ist häufig eine wichtige Voraussetzung für ein erfolgreiches „Lernen". Der Lernprozess selbst geschieht dann, wenn Sie sich aktiv – und am besten in vielfältiger Weise - mit den Lerninhalten auseinandersetzen (→ Abb. 5). In einer ganz rudimentären Form kann das dadurch geschehen, dass Sie „laut lernen", also sich die Inhalte laut vortragen und damit überprüfen, ob diese schon richtig „sitzen". Weitere Möglichkeiten der aktiven Informationsverarbeitung finden Sie in Kapitel 5 (Prüfungsinhalte memorieren).

Zitat 1: Verena STEINER – Verstehen und Lernen (2013)

„Seien wir realistisch. Der Lernprozess ist noch nicht abgeschlossen, wenn wir ein Kapitel erarbeitet und verstanden haben."[15]

Summa summarum können wir festhalten, dass die Frage „auswendig lernen oder verstehen?" am besten durch die Feststellung **„auswendig lernen UND verstehen"** zu beantworten ist. Oder mit den Worten des Kognitionspsychologen Alain LIEURY: „Welches Lernen ist nun besser: Auswendiglernen oder durch Verständnis lernen? Beides, meine Herrschaften! Ebenso wie Wörter vorwiegend in zwei Gedächtnissen – eines für ihre Karosserie und eines für ihre Bedeutung – gespeichert werden, folgt aus diesen Forschungsergebnissen, dass es zwei Arten von Lernen gibt. Das Auswendiglernen ist die treibende Kraft des lexikalischen Gedächtnisses und das multiepisodische Lernen die des semantischen."[16]

Für Ihre Prüfungsvorbereitung entscheiden Sie daher, in welchem Ausmaß Sie verstehensorientiert lernen und welche Rolle Sie dem Auswendiglernen zuweisen. Bei dieser Entscheidung ist es nicht allein damit getan, die verfügbare Zeit zu berücksichtigen. Zwar kann man als grobe Tendenz anführen, dass starke Zeitknappheit fast automatisch zu mehr Auswendiglernen führt, doch gilt dies wirklich nur in grober Näherung. Wenn es für Sie möglich ist, auch in knapper Zeit Zusammenhänge zu erfassen, also zu verstehen, dann sollten Sie dies tun. Und wenn Sie vor die Herausforderung gestellt sind, ingenieurwissenschaftliche, medizinische, juristische oder wirtschaftswissenschaftliche Aufgabenstellungen zu bearbeiten, die sich nicht eindeutig bestimmten Lösungsmustern zuordnen lassen, dann werden Sie ohne „Verstehen" vermutlich an der Komplexität der Aufgabenstellungen scheitern.

2 Gedächtnis – Einsichten und Irrtümer

Inhalt

Zusammenfassung

Der „Split Attention"-Effekt (2.1) bezeichnet den Sachverhalt, dass die Aufmerksamkeitsspanne des Arbeitsgedächtnisses begrenzt ist und dass jede nicht lernbezogene Aktivität die Intensität des Lernprozesses verringert. Stabile und eindeutige Lerntypen (2.2) lassen sich aus Sicht der Forschung nicht nachweisen. Demzufolge ist es wenig sinnvoll, nur auf die eine „richtige" Art zu lernen, sondern stattdessen die Inhalte möglichst vielfältig zu vernetzen und zu verarbeiten. Eine besondere Rolle spielt dabei die multicodale Verarbeitung und Speicherung von Informationen. Die Tiefe der Informationsverarbeitung und die zugehörigen „Levels of Processing" (2.3) bestimmen die Qualität des Lernens wesentlich. Je intensiver die Reflexion und Auseinandersetzung mit dem Stoff, desto besser das Lernergebnis.

2.1 Der „Split Attention"-Effekt

Angenommen, jemand würde Ihnen einen Tennisball zuwerfen. Diesen zu fangen, wird sicherlich im Bereich des Möglichen liegen. Stellen Sie sich nun vor, die Person würde Ihnen drei Tennisbälle gleichzeitig zuwerfen. Keine Frage: Nicht nur, dass es leichter ist, einen einzigen Ball anstelle der drei Bälle zu fangen; es kann sogar passieren, dass Sie keinen einzigen der drei Bälle fangen, weil die Aufmerksamkeit eben nicht klar gerichtet ist bzw. Sie über keine entsprechende Routine verfügen. Dieses Beispiel mag als anschauliche Hinführung zu der Frage dienen, welche kognitive Belastung beim Lernen tatsächlich auftreten kann und welche Folgerungen sich daraus für das Lernen und die Prüfungsvorbereitung ergeben.

Warum **Aufmerksamkeit** nicht beliebig erweiterbar ist, lässt sich gut nachvollziehen, wenn man einen kurzen Blick auf die **drei Stufen des Gedächtnisses** –

Wahrnehmungsspeicher, Kurzzeit- und Langzeitgedächtnis (→ Infotafel 3) –
wirft. Sie unterscheiden sich hinsichtlich ihrer Speicherzeit – Wahrnehmungsspeicher im Bereich von Zehntelsekunden bis Sekunden, Kurzzeitgedächtnis
von Sekunden bis Minuten, Langzeitgedächtnis zeitlich unbegrenzt –, aber
auch hinsichtlich ihrer Speicherkapazität. Während der Wahrnehmungsspeicher und das Langzeitgedächtnis große Informationsmengen aufnehmen können, ist das Kurzzeitgedächtnis hinsichtlich seiner Kapazität deutlich limitiert.
Etwa sieben +/– zwei Verarbeitungseinheiten können dort maximal gespeichert
werden. Eine Verarbeitungseinheit kann ein Wort oder ein Satz, eine Ziffer oder
eine Zahl sein, je nachdem, wie die Informationen gebündelt sind.

Infotafel 3: Die Gedächtnisstufen

▸ **Wahrnehmungsspeicher** (auch **Sensorischer Speicher**): Wahrnehmungen ge-
langen in den sensorischen Speicher und werden dort – abhängig vom Eingangskanal – für Zehntelsekunden gespeichert. Beispiel: Beim Anschauen
eines (analogen) Films nimmt der Betrachter eine Vielzahl von Einzelbildern
wahr. Diese erscheinen zusammenhängend, da der sensorische Speicher die
visuellen Informationen so lange bereitstellt, bis das nächste Bild gezeigt wird.

▸ **Kurzzeitgedächtnis:** Informationen werden für die Dauer von Sekunden bis hin
zu wenigen Minuten gespeichert. Ein bewusstes Wiederholen der Informationen – dies ist der Mechanismus der sogenannten Wiederholungsschleife –
sorgt für eine längerfristige Präsenz. Das Kurzzeitdächtnis ist nicht nur von begrenzter Verweildauer, sondern auch von begrenzter Kapazität. Gespeichert
werden sieben +/– zwei gebündelte Informationseinheiten, z. B. ein Satz anstelle einzelner Wörter oder eine Zahl anstelle von Ziffern. Beispiel: Der Ge-
halt eines längeren Satzes lässt sich nur begreifen, wenn auch der Satzanfang
erinnert wird. Oder: Kopfrechnen ist dadurch möglich, dass das Ergebnis einer
Zwischenrechnung für eine längere Zeit verfügbar ist.[17]

▸ **Langzeitgedächtnis:** Informationen, die einmal in das Langzeitgedächtnis ge-
langt sind, werden dauerhaft gespeichert. Ist ein Erinnern an zuvor langzeit-
gespeicherte Informationen nicht mehr möglich, so ist davon auszugehen,
dass nur der assoziative Zugriff nicht gelingt, da eine kapazitive Begrenzung
des Langzeitspeichers nicht bekannt ist. Beispiel: Beim Erinnern eines Lied-
interpreten geht es darum, den Zugang zu dieser langzeitgespeicherten Information zu finden. Vielfältiges Probieren, z. B. Anfangsbuchstabe des Sängers,
Titel ähnlichen Musikstils, Situation des erstmaligen Hörens usw., führt häufig
zum gewünschten Erfolg. Beim richtigen Erinnern signalisiert ein Aha-Gefühl,
dass die gefundene mit der gesuchten Information identisch ist.

Die Suche in und der Umgang mit komplexen Lerninhalten wird demzufolge mithilfe eines **Arbeitsgedächtnisses** durchgeführt, das nur über eine eng begrenzte Kapazität verfügt, weil in diesem „**Flaschenhals des Gedächtnisses**" (→ Abb. 6) die über die Sinnesorgane einströmenden Informationen reduziert und verarbeitet werden. Wenn im Arbeitsgedächtnis aber nur Platz für sieben +/− zwei Informationseinheiten ist, dann bedeutet dies, dass die Aufmerksamkeit so zu steuern ist, dass die „richtigen" sieben Inhalte dort vertreten sind. Neuere Forschungen deuten im Übrigen sogar eher darauf hin, dass sich zu einem gegebenen Zeitpunkt nicht mehr als zwei bis vier Einheiten verarbeiten lassen.[18]

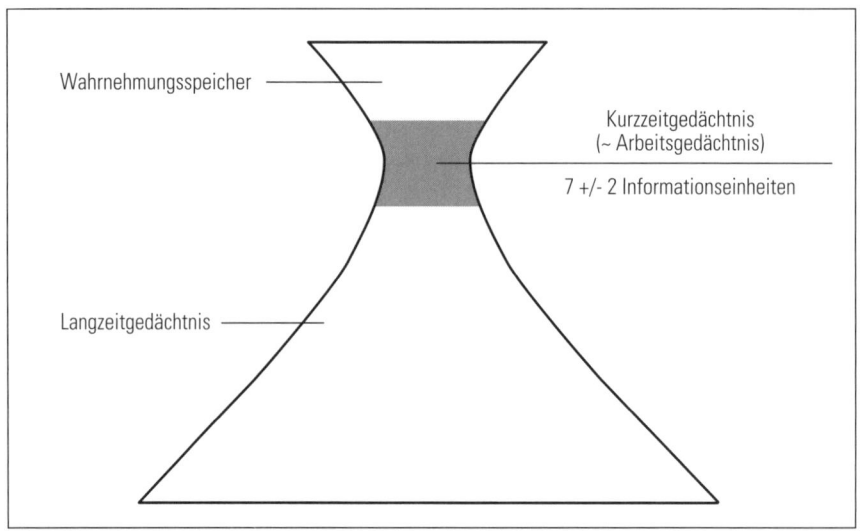

Abbildung 6: Der Flaschenhals des Gedächtnisses

Der Wissenserwerb ist in vielen Lernsituationen dadurch beeinträchtigt, dass das Arbeitsgedächtnis unnötig belastet wird. Die **Theorie der kognitiven Belastung** (= Cognitive Load Theory) von John SWELLER und seinen Kollegen versucht zu beschreiben, mit welchen Formen der Belastung für das Arbeitsgedächtnis zu rechnen ist. Dabei wird unterschieden zwischen:

▸ der direkt lernbezogenen Belastung (= germane load), z. B. den Stoff nachvollziehen und verstehen resp. kognitive Schemata aufbauen;

▸ der intrinsischen Belastung (= intrinsic load), z. B. mit hoher Stoffkomplexität umgehen, einen hohen Schwierigkeitsgrad bewältigen;

▸ der extrinsischen Belastung (= extraneous load), z. B. der „ungeschickten"

Darstellung des Lernstoffs, überflüssigen Erklärungen und Wiederholungen.[19]

Zitat 2: Christopher CHABRIS & Daniel SIMONS – Aufmerksamkeit (2010)

„Für das menschliche Gehirn ist Aufmerksamkeit im Wesentlichen ein Nullsummenspiel: Wenn wir einem Ort, Objekt oder Ereignis größere Aufmerksamkeit zuwenden, bleibt für andere zwangsläufig weniger übrig."[20]

Da die Aufmerksamkeitsspanne des Arbeitsgedächtnisses relativ stabil ist, schränkt jede nicht lernbezogene Aktivität den eigentlichen Lernprozess ein (→ Zitat 2). Besonders gut lässt sich dies anhand des sogenannten „Split Attention"-Effekts verdeutlichen: Wenn man eine spezielle Aufmerksamkeit aufwenden muss, um eine Abbildung dem zugehörigen Text zuzuordnen, dann fehlt diese Aufmerksamkeit bei der Auseinandersetzung mit den Lerninhalten (→ Abb. 7). Gelingt es hingegen, Textinformation und Abbildungsdetails aufeinander zu beziehen, reduziert sich die extrinsische Belastung weitgehend, und die Aufmerksamkeit gilt im Wesentlichen dem eigentlichen Lernen (→ Abb. 8).

Es gilt, zwei Alternativen zu vergleichen. Zu diesem Zwecke werden diese Alternativen anhand von zuvor bestimmten Kriterien eingeschätzt. Jedes Kriterium hat eine Gewichtung G, die zwischen 1 (= weniger ausgeprägt wichtig) und 4 (= sehr wichtig) liegt. Jede Alternative wird mit einer Bewertung B, die zwischen 1 (= gering ausgeprägt) und 4 (= stark ausgeprägt) liegt, eingeschätzt. Dann ermittelt man das Produkt P aus Gewicht und Bewertung: P = G x B. Die Werte für die einzelnen Alternativen werden dann aufsummiert.		Neukunden gewinnen			Angebot ausweiten		
		G	B	P	G	B	P
	Kompetenzen vorhanden	3	4	**12**	3	4	**12**
	kostengünstig	4	3	**12**	4	3	**12**
	auf kollegiale Netze einbindbar	1	3	**3**	1	4	**4**
	geringer zeitlicher Aufwand	3	2	**6**	3	3	**9**
	familienverträglich	2	1	**2**	2	3	**6**
	SUMME			**35**			**43**

Abbildung 7: „Split Attention"-Effekt: Beispiel Entscheidungsmatrix 1

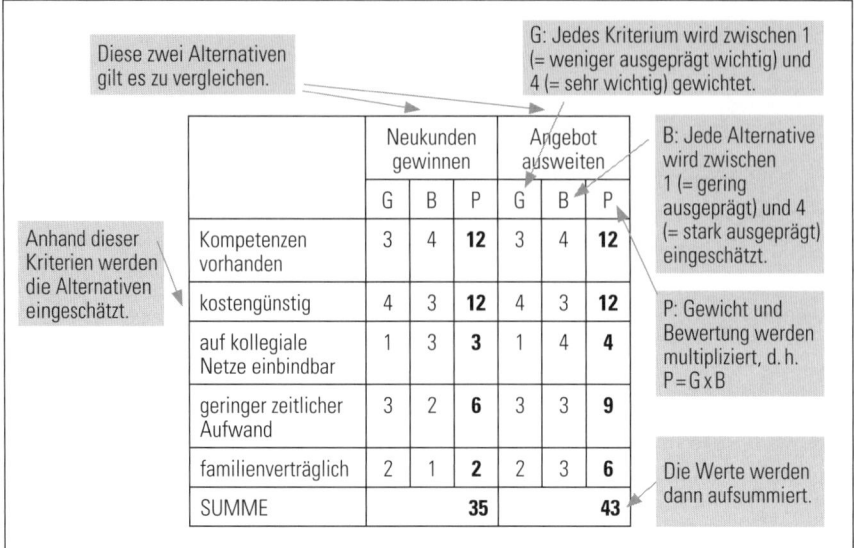

Abbildung 8: „Split Attention"-Effekt: Beispiel Entscheidungsmatrix 2

Wiewohl sich der „Split Attention"-Effekt insbesondere auf multimediale Lernumgebungen bezieht, lassen sich die Überlegungen verallgemeinern. Je mehr
Aufmerksamkeit dem eigentlichen Lernprozess zuteil wird, desto besser für die
Prüfungsvorbereitung. Und umgekehrt: Je mehr ablenkende und Aufmerksamkeit bündelnde „Nebenschauplätze" aufscheinen, desto weniger intensiv das
eigentlich Prüfungslernen. Typische Aspekte, bei denen der „Split Attention"-
Effekt greift, sind beispielsweise:

▸ **Folien:** große Kopf- und Fußbereiche mit inhaltsleeren Zusatzinformatio-
   nen;
▸ **Multimediale Angebote:** rasche Bildsequenzen, gleichzeitig konzentrierte
   Angebote von Sprache, Bildern und Spezialeffekten; auch: die sogenannte
   Bild-Text-Schere, d. h. das Auseinanderklaffen von Bild- und Textinformation speziell bei Informationssendungen im Fernsehen;
▸ **Internet:** Webseiten, die umfangreiche Entscheidungen abverlangen, z. B.
   ob ein Hyperlink nun angeklickt werden soll oder nicht (→ Kap. 3.4);
▸ **Lernumgebung:** Musik beim Lernen und andere ablenkende Dinge („Unabhängig davon, wie die Musik den Probanden gefiel, schnitten sie deutlich schlechter ab als ihre Kollegen, welche den Test ohne Musikberieselung
   machen konnten."[21])

Da Aufmerksamkeit nun im Wesentlichen ein Nullsummenspiel ist (→ Zitat 2), bedeutet dies nicht nur, dass **ablenkende Belastungen** wie hochkomplizierte und umständliche Darstellungen des Lernstoffs und überflüssige Erklärungen zu unterlassen sind. Es bedeutet auch, dass je mehr Informationen auf uns „niederprasseln", desto größer der Aufwand beim Auswählen und Konzentrieren ist. Jede Art von Aufbereitung ist mit Entscheidungen verbunden: Wenn also beispielsweise Wichtiges und weniger Wichtiges zu trennen sind, dann muss man die betreffenden Informationen zunächst einmal als wichtig bzw. weniger wichtig einstufen, um dann anschließend die nicht erforderlichen Informationen auszublenden. Bei jeder Art von Aufbereitung spielt das Vorwissen selbstverständlich eine große Rolle. Was für Laien hochkompliziert sein mag, ist für Fachleute, die mithilfe ihrer gut entwickelten Schemata Einzelinformationen zu größeren Einheiten zusammenfassen können, meist leicht und mühelos zu bewältigen.

Zitat 3: Ulrich SCHNABEL: Das Wesentliche im Blick (2011)

„Manche Menschen können mehr, andere weniger Dinge gleichzeitig im Kopf jonglieren. Testen Sie Ihre eigene Kapazitätsgrenze, indem Sie versuchen, eine längere Aufgabenliste – etwa ‚Flug buchen, Post erledigen, Müll runterbringen, Steuererklärung prüfen, Brot einkaufen, Fahrrad reparieren, Wäsche waschen' – in dieser Reihenfolge mehrere Minuten lang im Kopf zu behalten! Bei drei, vier Aufgaben ist das vermutlich noch kein Problem, doch wird die Liste länger, stößt das Gehirn irgendwann an die Grenze seines Fassungsvermögens – und dann kann es passieren, dass man die Post aus Versehen ins Kühlfach legt und die Butter in den Ofen stellt."[22]

Auf die Bedeutung des Bündelns oder Zusammenfassens von Informationen hat bereits George MILLER in den 1950er-Jahren hingewiesen. In seinem berühmten Artikel „The Magical Number 7, Plus or Minus Two: Some Limits on Our Capacity for Processing Information"[23] hat er zunächst illustriert, dass das Arbeitsgedächtnis recht schnell an seine Grenzen, nämlich jene für **sieben +/– zwei Informationseinheiten,** kommt. Angenommen, Ihnen werden nacheinander die folgenden Ziffernreihen vorgelegt, und Sie sollen jede dieser Reihen nach einem kurzen Blick darauf reproduzieren:

364
8402
85743
396374
1569326
63861234
706325621

Die meisten Menschen geraten tatsächlich bei ungefähr sieben Ziffern an ihre
jeweilige Kapazitätsgrenze. Wenn man die Informationen auf eine etwas andere
Weise organisiert, lassen sich größere Informationsmengen memorieren. Hier
ein Beispiel:

17891955

In diesem Fall lassen sich zwei historische Jahreszahlen identifizieren: 1789
(Französische Revolution) und 1955 (Staatsvertrag Österreich). Aus unzu-
sammenhängenden Einzelinformationen (hier: Ziffern) wurden zwei (neue)
Informationen gebündelt. Bei diesem sogenannten „Chunking" werden ein-
zelne Informationseinheiten zu einer Bedeutung zusammengefasst. Bei den so-
genannten „Chunks" kann es sich um einzelne Ziffern oder um (bedeutsame)
Zahlen handeln, um einzelne Wörter oder (bedeutsame) ganze Sätze. Für das
Lernen von Prüfungsinhalten bedeutet dies:

▸   **Bündeln von Informationen (= „Chunking"):** Es kann sehr sinnvoll sein,
    Informationen zu größeren Bedeutungseinheiten zu bündeln. Beispiele:
    Einzelne Paragrafen werden unter bestimmte Abschnitte bzw. Teile eines
    Gesetzes subsumiert (Jura/Jus); die chemischen Elemente finden sich in der
    Ordnungslogik des Periodensystems wieder (Chemie); die „Spanische Er-
    öffnung" wird als „ganze" Spielsituation wahrgenommen, nicht über die
    Position einzelner Spielfiguren (Schach); die Reifegradtheorie nach HER-
    SEY/BLANCHARD: Telling, Selling, Participating, Delegating „bündelt" be-
    stimmte Konstellationen von Führung (Mitarbeiterführung).
▸   **Qualität der Abrufhilfen:** Gute Abrufhilfen sind so gewählt, dass sie gut
    erinnerbar sind, im besten Fall also einen inhaltlichen Bezug zum Thema
    haben. Beispiele: Das Kontext-K (→ Abb. 48) verbindet eine gut erinnerba-
    re Struktur (das „K") mit einem inhaltlichen Bezug, da die vertikale Linie
    des K als Zeitlinie („timeline") zu interpretieren ist. Ein gegenteiliges Bei-
    spiel ist das Erinnern des englischen Plurals „mice" (→ S. 34) mithilfe des

Schlüsselworts „Mais"; hier liegt kein inhaltlicher, sondern nur ein klang-
licher Bezug vor.

▸ **Quantität der Abrufhilfen:** Wenn mit Abrufhilfen gearbeitet wird, so be-
    lasten diese auch das Kurzzeitgedächtnis. So hat man beispielsweise bei der
    Verwendung von vier Abrufhilfen nur noch drei „Plätze" für abzurufen-
    de Informationen frei. Beispiel: Beim Kaffeebeispiel (→ Kap. 4.5) gibt es
    durchaus unterschiedliche Möglichkeiten für die Strukturierung der Infor-
    mationen (hier: Zutaten bzw. Kaffeesorten), wobei es sich empfiehlt, die
    Anzahl der Kategorien nicht zu groß werden zu lassen.

Der „Split Attention"-Effekt verweist darauf, dass Aufmerksamkeit ein kostba-
res Gut und nicht in beliebiger Menge verfügbar ist (→ Zitat 4). Das eingangs
erwähnte Beispiel der drei Tennisbälle illustriert, dass ein Zuviel an Information sogar zu deutlich schlechteren Ergebnissen führen kann als die Beschäfti-
gung mit den reduzierten Informationsmengen. Wenn es „schlecht läuft", kann
es sogar sein, dass man von den drei Bällen nicht einen einzigen fängt. Demzufolge geht es vorrangig darum, nicht direkt lernbezogene Belastungen wie
unwichtige Inhalte oder ablenkende Gestaltungselemente möglichst zu reduzieren. Und positiv formuliert: Um den „Flaschenhals" des Gedächtnisses zu
passieren, müssen die Lerninhalte eine hohe Bedeutsamkeit für die Lernenden
aufweisen; wenn dies nicht von vornherein gegeben ist, lässt sich Bedeutsamkeit auch durch eine diesbezügliche fachbezogene Reflexion herstellen.

Zitat 4: Herbert A. SIMON: Information consumes attention (1971)

„What information consumes is rather obvious: it consumes the attention of its re-
cipients. Hence a wealth of information creates a poverty of attention and a need to
allocate that attention efficiently among the overabundance of information sources
that might consume it."[24]

2.2 Vom Mythos „Lerntyp" zur Multicodierung

Individuelle Lernprozesse werden häufig mit dem sogenannten **Lerntypen-Konzept** in Verbindung gebracht. Dahinter verbirgt sich die Vorstellung, dass jeder Mensch auf eine ganz bestimmte Art und Weise lernt. Eine geläufige Differenzierung lautet hier beispielsweise: visuell, auditiv, haptisch; und so wird unterstellt, dass es eben die visuellen Lerntypen, die auditiven Lerntypen usw. gibt. Die dazu passende Denkfigur heißt dann: Für jeden Menschen gibt es (genau) eine besonders hilfreiche Art des Lernens.

Wiewohl die Befunde uneinheitlich sind, kommen doch zahlreiche Arbeiten, die untersucht haben, ob Menschen stabile Präferenzen für eine bestimmte Sinnesmodalität haben und mit dieser dann auch tatsächlich besser lernen, zu negativen Ergebnissen.[25] Beispielsweise wurden in einem solchen Experiment Personen ermittelt, die bei einer bestimmten Aufgabenstellung erfolgreich über den auditiven bzw. den visuellen Kanal lernen, nicht aber über den jeweils anderen Kanal. Anhand einer zweiten Aufgabe wurde geprüft, „ob die im ersten Versuch festgestellte Präferenz für den einen oder anderen Sinneskanal auch im zweiten Versuch Bestand hatte. Dies war nicht der Fall: Personen, die im ersten Versuch nur bei auditiver Informationsdarbietung gut gelernt hatten, lernten im zweiten Versuch bei visueller Darbietung ebenso gut. Und Personen, die aufgrund der Ergebnisse des ersten Versuchs als visuelle Lerntypen eingestuft waren, lernten im zweiten Versuch genauso erfolgreich bei auditiver Informationsdarbietung."[26]

Aus Sicht der Forschung ist also festzuhalten, dass **sich keine stabilen, eindeutigen Lerntypen nachweisen lassen** (→ Infotafel 4). Zwar ist es durchaus so, dass sich Menschen hinsichtlich ihrer kognitiven Fähigkeiten unterscheiden und oft auch gewisse Präferenzen für die eine oder andere Art des Lernens haben. Doch diese häufig aus Lernroutinen entstandenen Vorlieben rechtfertigen in keiner Weise die grobe Kategorisierung in einige wenige Lerntypen.

Der Umstand, dass der sogenannte Lerntyp eher ein Mythos ist, hat für das Lernen weitreichende Konsequenzen. Zunächst gilt, dass Sie Ihr Lernen den Lernerfordernissen und den denkbaren Prüfungsaufgaben entsprechend anpassen müssen. Es kann also sein, dass Sie im einen Fall mit kategorialen Strukturen und im anderen mit bildhaften Darstellungen „gut fahren". Wichtiger ist allerdings, dass Sie nicht versuchen, (nur) auf die eine – für Sie „richtige" – Art zu lernen, sondern die **Inhalte möglichst vielfältig vernetzen und verarbeiten** (→ Kap. 5.1). Grundsätzlich gilt: Je vielfältiger und intensiver Sie einen Lerninhalt verankern, desto größer ist auch die Chance, diesen bei Bedarf abrufen zu können. Einen Lerninhalt auf vielfältige Weise zu verankern und zu

Infotafel 4: Mythos Lerntyp

Das Konzept „Lerntyp" ist in der Didaktik durchaus gebräuchlich, vor allem in der handlungspraktischen Literatur finden sich viele Überlegungen, die dieses Konzept aufnehmen bzw. modifizieren:

▸ Frederic VESTER hat als einer der Ersten bereits in den 70er-Jahren mit einem Gedächtnistest gearbeitet, der nach den Eingangskanälen Lesen, Hören, Sehen und Tasten unterscheidet: „Je nach Grundmuster sind also die Eingangskanäle wie Sehen, Hören, Fühlen und alle damit zusammenhängenden Empfindungen recht verschieden ausgebildet."[27]

▸ In der Zwischenzeit wurden diverse Lerntypentests entwickelt, z. B. für den Schulbereich: Wolfgang ENDRES: So macht Lernen Spaß – Praktische Lerntipps für Schülerinnen und Schüler, 20. Aufl., Weinheim 2006; oder für die Erwachsenenbildung: Manuela DOLLINGER: Wissen wirksam weitergeben – Die wichtigsten Instrumente für Referenten, Trainer und Moderatoren, Zürich 2003.

Die empirisch orientierte Psychologie hält sich diesbezüglich eher zurück:

▸ Bernd WEIDENMANN: „Die Suche nach aussagekräftigen Ergebnissen zu solchen Lerntypen verlief bislang uneinheitlich, insgesamt aber enttäuschend. (…) Statt überdauernde Lernertypen findet man innerhalb jeder Person eine Vielfalt von Verarbeitungsweisen, deren Einsatz von der Aufgabe, den wahrgenommenen Informationen, der Erinnerungssituation und anderen Bedingungen abhängt."[28]

▸ Aljoscha NEUBAUER und Elsbeth STERN: „So wird eine Typologisierung in Visualisierer und Verbalisierer vorgenommen, für die es tatsächlich keine diagnostische Grundlage (…) gibt. (…) Dennoch wird diese Typologisierung selbst in der Lehrerfort- und -weiterbildung propagiert (…)."[29]

vernetzen, könnte etwa bedeuten, dass Sie einen Sachverhalt über eine zentrale Bedeutung, die Einbettung in einen größeren Zusammenhang, den Bezug zu einer bestimmten Systematik, eine typische Handlungssituation und eine visuelle Merkhilfe speichern.

In diesem Zusammenhang sei auch noch auf eine häufig zu findende Darstellung zur **Behaltenswirkung von Sinnesmodalitäten** (→ Abb. 9) hingewiesen. Diese findet sich seit Jahren in der populärwissenschaftlichen Literatur, obgleich wissenschaftlich fundierte Belege dafür ausstehen. Die behaupteten **Behaltenswirkungen** sind in mehrfacher Hinsicht problematisch:

▸ Gesehenes (ca. 30 %) wird nicht grundsätzlich besser behalten als Gehörtes (20 %).

▶ Eine gleichzeitig visuelle und auditive Informationspräsentation (ca. 50 %) führt im Vergleich zu einer rein auditiven Präsentation (ca. 20 %) nicht zwangsläufig zu einer besseren Erinnerungsleistung.[30]

▶ Wiewohl auch die gewählten Kategorien inkonsistent sind (Hören und Sehen bezeichnen Eingangskanäle bzw. Modalitäten, Nacherzählen und Tun hingegen aktive Verarbeitungsprozesse), könnte man der Darstellung doch den Hinweis entnehmen, dass aktive Verarbeitungsprozesse im Vergleich zu eher rezeptiven Handlungen hilfreich sind (→ Kap. 2.3).

Modalitäten	Behaltenswirkung
Lesen	ca. 10 %
Hören	ca. 20 %
Sehen	ca. 30 %
Hören und Sehen	ca. 50 %
Nacherzählen	ca. 70 %
Tun	ca. 90 %

Eine wissenschaftliche Quelle dazu gibt es nicht; die Tabelle täuscht eindeutige Forschungsergebnisse vor.

„Es ist wissenschaftlich nicht gesichert, dass etwa bei visueller und auditiver Darbietung mehr als doppelt so viel behalten wird als bei lediglich auditiver Präsentation. Die Lernpsychologie geht eher davon aus, dass der Wissenserwerb von einer Vielzahl von Bedingungen abhängt und die Sinneskanäle dabei eher eine zweitrangige Rolle spielen." (Bernd WEIDENMANN, 2002)

Abbildung 9: Populäre Rezeptologie: Behaltenswirkung von Sinnesmodalitäten[31]

Die bisherigen Überlegungen haben auf die Modalität der Informationen abgezielt, häufig wird auch vom sogenannten **Eingangskanal** gesprochen. Beispiele für monomodale Angebote sind ein Buch mit Texten und Bildern (rein visuell) oder eine Hör-CD (rein auditiv). Multimodale Angebote sind ein Video (visuell und auditiv) oder ein Live-Vortrag (visuell und auditiv). Informationsangebote lassen sich aber nicht nur danach unterscheiden, welchen Eingangskanal sie bedienen, sondern auch danach, über welches **Zeichensystem** sie transportiert werden. Ein Text auf einer Folie ist genauso monocodal wie ein vorgetragener Text, in beiden Fällen wird in Textform codiert; ein einzelnes Bild ist ebenfalls monocodal, in diesem Fall wird in visueller Form codiert. Ein multicodales Angebot greift auf verschiedene Zeichensysteme zurück, beispielsweise ein präsentiertes Bild, zu dem eine gesprochene Erklärung abgegeben wird, oder ein Text mit Bildern.

Generell scheint es so zu sein, dass die **Verwendung unterschiedlicher Codierungen** den Wissenserwerb unterstützt.[32] Da die verschiedenen Codierungen in getrennten und – bezogen auf ihre Kapazität – unabhängigen kognitiven Subsystemen verarbeitet werden, wird dadurch eine optimale kognitive Ressourcennutzung möglich, wie dies auch die Theorie der Dualen Kodierung (→ Infotafel 5) postuliert. Für das Lernen scheint es also sinnvoll zu sein, einen Sachverhalt mehrfach zu codieren, d. h., ihn beispielsweise sowohl sprachlich als auch bildlich darzustellen, um die Abrufbarkeit des Wissens zu verbessern.[33]

Dabei ist es wichtig zu verstehen, dass die Art der Codierung nichts über die Art der Aufnahme bzw. Präsentation von Informationen aussagt. So kann beispielsweise „die Abbildung eines Gegenstandes neben einer bildhaften auch eine verbale Repräsentation im Lernenden auslösen, ein Wort neben der verbalen auch eine bildhafte".[34] Man könnte auch sagen, dass die externe Codierung zu unterschiedlichen internen Codierungen führen kann. „Das Bild eines Elefanten wird als bildliche Repräsentation im bildhaften Gedächtnis gespeichert (erste Codierung), aber zusätzlich im lexikalischen Gedächtnis (zweite Codierung) sprachlich benannt (man sagt im Geist: ‚Das ist ein Elefant‘)."[35]

Infotafel 5: Duale Kodierung (nach Allan Paivio)

„Die Theorie der Dualen Kodierung geht dabei davon aus, dass die unterschiedlichen Nutzungseigenschaften von Text- und Bildinformationen darauf beruhen, dass sie in verschiedenen kognitiven Prozessen repräsentiert werden. Durch eine Kombination verschiedener Darstellungsformen kann man nun Informationen so verteilen, dass die jeweils zentralen Aspekte optimal darstellbar sind. Spezifische Verarbeitungsprozesse und das Verstehen werden somit erleichtert. Eine Kombination aus verschiedenen (multiplen) Repräsentationen ermöglicht darüber hinaus, sich einem Sachverhalt auf verschiedenen Wegen – über die verschiedenen mentalen Repräsentationen – zu nähern und so multiple Perspektiven zu entwickeln. Dieser Vorteil zeigt sich beispielsweise in erhöhter kognitiver Flexibilität (…) oder der Fähigkeit zur Abstraktion im Umgang mit dem erworbenen Wissen (…)."[36]

Eine duale oder mehrfache Codierung können Sie verschiedentlich herstellen:

▸ Einzelne **konkrete Begriffe** können mit einem **passenden Bild** verknüpft werden. Beispiel: Begriff „Hygrometer" plus Bild eines Hygrometers.

▸ Einzelne konkrete oder abstrakte Begriffe lassen sich beispielsweise mithilfe der **Schlüsselwortmethode** memorieren. Beispiel: Das englische Wort „mice" (= Mäuse) kann man über das deutsche Schlüsselwort „Mais" erinnern, an dem die Mäuse knabbern; die zeitliche Reihenfolge der Philosophen Sokrates, Platon, Aristoteles kann man sich über das Akronym SPA (= belgischer Kurort) merken.

▸ Umfangreicheres (begriffliches) **Wissen** lässt sich **mehrfach codieren,** indem einzelne Begriffe (auch) semantisch, also von ihrer Bedeutung her, erschlossen werden. Dies kann bedeuten, einerseits eine (verbal abrufbare) Definition bzw. Erläuterung der Begriffe verfügbar zu machen und andererseits passende erläuternde Situationen oder Fallbeispiele bereitzustellen. Die Verknüpfung aus Symbolstruktur (Sprache) und Analogstruktur (Bild, Situation usw.) garantiert hierbei die Mehrfachcodierung. Beispiel: Ein umfangreiches Wissen über das Fachgebiet „Innere Medizin" verbindet bestimmte Diagnosen (z. B. Asthma bronchiale) mit einem fachsystematischen Zugang über Organsysteme (z. B. Atemwege) und einem situationsspezifischen Zugang über bestimmte Fälle (z. B. Luftnot) (→ Infotafel 12).

▸ Bestimmte (begrifflich gestützte) **Aussagen, Konzepte und Modelle** lassen sich **mehrfach codieren,** indem die einzelnen Begriffe – falls erforderlich – dual codiert werden (s. o.), zudem aber auch die entsprechenden Relationen sprachlich oder bildhaft miteinander verbunden werden. Neben den rein verbalen Erklärungen sind vor allem Strukturdarstellungen gefordert, die verbale und analoge Elemente kombinieren. Beispiel: Das Erkenntnismodell des „Logischen Empirismus" ist in besonderer Weise nachvollziehbar, wenn zusätzlich zu den sprachlichen Erklärungen, meist in Aussagenform, visuelle Erklärhilfen über Strukturdarstellungen vorhanden sind (→ Abb. 40).

▸ Auf eine spezielle Form der Codierung weist Gerhard STEINER (2007) hin: „Durch bewusstes, vor allem durch halblautes oder lautes Lesen, wird jedes Wort auch auditiv als Klangbild codiert und – wenig beachtet – auch artikulatorisch d. h. in der Sprechmuskulatur und ihrer neurologischen Steuerung. Somit können wir bei jedem Wort, das sich ein Lernender laut lesend merkt, nicht nur von einer dualen, sondern von einer multiplen Kodierung sprechen."[37]

Es gibt auch Untersuchungen, die gute Behaltensleistungen bei der Verteilung der Information auf mehrere Modalitäten belegen.[38] Wenn gleichzeitig ein Text und ein Bild präsentiert werden, also zwei verschiedene Codierungen, dann scheint es besser zu sein, den Text begleitend zur Betrachtung des Bildes zu hören als bei einem rein visuellen Angebot zwischen Bild und geschriebenem Text hin- und herspringen zu müssen. Dynamische Veranschaulichungen, z. B. Videos, werden lernwirksamer rezipiert, wenn der erklärende Text gesprochen statt geschrieben integriert wird. Die lernförderliche Wirkung mehrerer Modalitäten wird ähnlich wie bei der Codierung mit der Verarbeitung in verschiedenen kognitiven Subsystemen erklärt, im optimalen Fall wird die visuelle Aufmerksamkeit dem Bild zugewiesen, die sprachliche Aufmerksamkeit dem Text.[39] Bei diesen Einschätzungen ist aber durchaus ein wenig Vorsicht angeraten, da sich die bezeichneten Beispiele auf Situationen beziehen, in denen eine doppelte Codierung auch über doppelte Modalitäten angeboten wird. Es werden auch Ergebnisse berichtet, bei denen die Verwendung unterschiedlicher Sinnesmodalitäten nicht zu einer Erhöhung der Lernwirksamkeit führt.[40]

Zitat 5: Bernd WEIDENMANN – Multicodierung (2002)

„Multicodierte und multimodale Präsentation kann in besonderer Weise eine mentale Multicodierung des Lerngegenstandes durch den Lerner stimulieren."[41]

Die bicodale oder sogar multicodale Aufbereitung von Inhalten kann also durchaus ein Ziel sein, um eine gute Abrufbarkeit von Inhalten zu gewährleisten (→ Zitat 5). Allerdings muss man sich an dieser Stelle einigermaßen vor pauschalen Aussagen in Acht nehmen, denn es ist keineswegs so, dass eine breit gefächerte Vielfalt an Codierungen – ggf. auch unterstützt durch verschiedene Modalitäten – schon für sich genommen einen Vorteil darstellen würden. Ein Zuviel an Abwechslung kann sich auch hinderlich auf die Verarbeitung von Informationen auswirken, denn die Lernenden stehen nun vor der Herausforderung, ihre begrenzte Aufmerksamkeit bestmöglich zu verteilen und die verschiedenen Informationsangebote von ihrer Bedeutung her stimmig zusammenzuführen. Um insbesondere dem „Split Attention"-Effekt (→ Kap. 2.1) vorzubeugen, ist es wichtig, dass die **unterschiedlichen Informationsangebote gut koordiniert** sind. Zusammenfassend ist festzuhalten, „dass aus kognitionspsychologischer Sicht beim Lernen nicht so sehr die jeweils angesprochenen Sinneskanäle wichtig sind, sondern vielmehr die internen Codierungen und Verarbeitungsprozesse."[42]

2.3 Die „Levels of Processing"

Viele Forschungsergebnisse weisen nicht nur darauf hin, dass Lernen als **ein höchst aktiver Vorgang** aufzufassen ist, sondern auch, dass die Qualität des Lernens wesentlich von der Tiefe der Informationsverarbeitung abhängt. Wer sich mit dem Stoff auf eine intensive Weise auseinandersetzt, hat große Chancen, diesen auch erfolgreich zu memorieren und anschließend zu reproduzieren. In einem klassischen Experiment wurden Versuchspersonen gebeten, einzelne, kurz nacheinander präsentierte Wörter (→ Abb. 10) mit einer der folgenden Fragestellungen zu betrachten:

▸ Ist das Wort mit Groß- oder Kleinbuchstaben geschrieben?
▸ Ist es ein Substantiv oder ein Verb?
▸ Bezeichnet es etwas Belebtes oder etwas Unbelebtes?

Die Fragen zwingen die Versuchspersonen, sich unterschiedlich stark mit den Worten zu beschäftigen. Dementsprechend ist auch die Gedächtnisleistung: Wer eher formal nach Groß- und Kleinschreibung unterscheiden muss, erinnert wenig. Wer hinsichtlich Substantiv und Verb unterscheiden muss, erinnert besser. Wer feststellen muss, ob das Wort etwas Belebtes oder Unbelebtes darstellt, erinnert am besten. Die **Intensität der Verarbeitung von Informationen** hat demzufolge einen nachweisbaren Einfluss auf den Lernerfolg.[43]

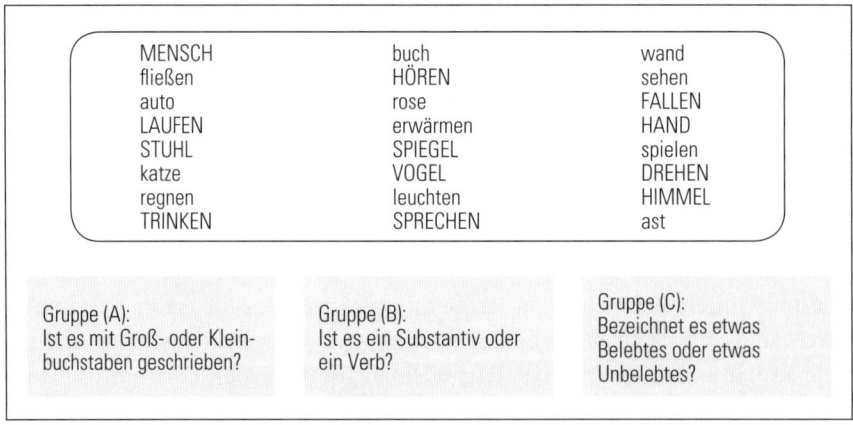

Abbildung 10: Experiment zur Verarbeitungstiefe[44]

Wenn es darum geht, einzelne Begriffe zu erinnern – wie dies bei Experimentalsituationen aus Gründen der Komplexitätsreduktion häufig der Fall ist –, sind noch weitere Lernhandlungen denkbar, die sich allesamt hinsichtlich der Tiefe der angestoßenen Verarbeitung unterscheiden. Mögliche Aufforderungen an die Lernenden könnten dann sein:

▸ Notieren Sie die Farben, in denen die Wörter geschrieben sind.
▸ Zählen Sie die Buchstaben der Wörter.
▸ Handelt es sich um ein Substantiv, ein Adjektiv oder ein Verb?
▸ Finden Sie zu jedem Begriff ein Reimwort.
▸ Assoziieren Sie ein Wort, das Ihnen einfällt, wenn Sie den Begriff lesen.
▸ Erläutern Sie, ob mit dem Wort ein eher angenehmer oder unangenehmer Sachverhalt bezeichnet ist.
▸ Erzählen Sie eine Geschichte, in der alle Wörter der Liste vorkommen.[45]

Die Verarbeitungstiefe und in der Folge dann auch die Erinnerungsleistung werden in etwa in der Reihenfolge der Nennung zunehmen. Eine recht oberflächliche Verarbeitung findet statt, wenn es darum geht, Buchstaben zu zählen oder Wortfarben zu benennen. Die Tiefe der Verarbeitung nimmt etwas zu, wenn die Wortart bestimmt oder ein Reimwort ermittelt werden soll. Wirklich inhaltlich tiefe Verarbeitung findet erst dann statt, wenn Inhalte oder Gefühle assoziiert werden. Das Erzählen einer Geschichte ist hier ein – recht erfolgreicher – Sonderfall, denn zusätzlich zu einer inhaltlichen Verarbeitung wird hier auch noch der Chunking-Effekt (→ Kap. 2.1) genutzt.

Stärker systematisierte Überlegungen finden sich bereits in den 1970er-Jahren bei Charles PERFETTI, der **verschiedene sprachliche Verarbeitungsprozesse** hinsichtlich ihrer Tiefe bzw. Intensität beleuchtete (→ Abb. 11). Zusammengefasst lauten die Ergebnisse: Je stärker die inhaltliche Auseinandersetzung mit den zu lernenden Wörtern bzw. Sätzen gefördert wird, desto besser die Erinnerungsleistungen. Als besonders wirksam erweist sich die Einbindung des zu Lernenden in einen sachbezogenen Kontext.

Wenn Sie sich für eine Prüfung vorbereiten, gilt ebenfalls: Die Intensität der Verarbeitung korreliert in der Regel mit Ihrer Gedächtnisleistung. Nun muss man wissen, dass es eine **Vielzahl von Lernhandlungen** (→ Abb. 12) gibt, die – im Unterschied zu den recht trivialen Operationen bei der Erinnerung von einzelnen Wörtern oder Sätzen – meist aus mehreren Einzeloperationen zusammengesetzt sind. Die Güte einer Lernhandlung resultiert dann sozusagen aus der Vielfalt bzw. Komplexität der einzelnen Operationen und der daraus resultierenden Verarbeitungstiefe der Lernhandlung.

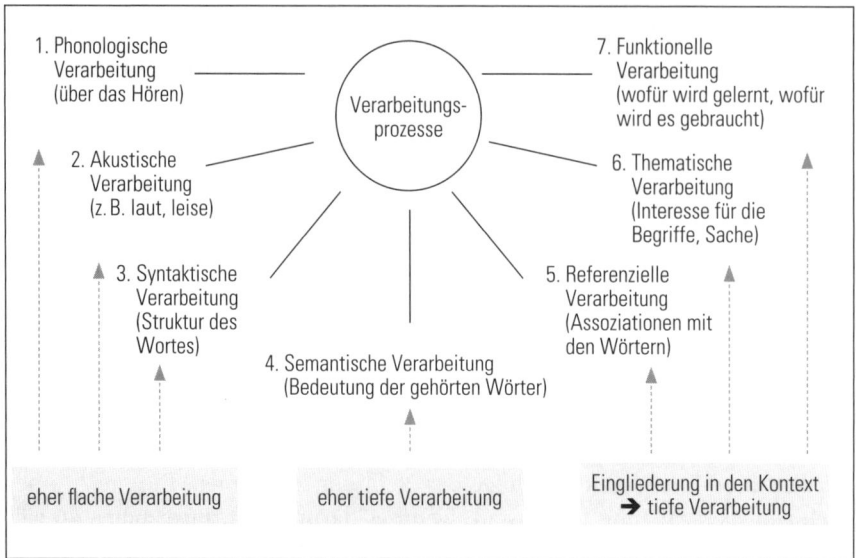

Abbildung 11: Levels of processing – Beispiel: Sprache[46]

Zitat 6: Eberhardt HOFMANN & Monika LÖHLE – Langfristiges Kalkül der Faulheit (2012)

„Der (vermeintliche) Faule nimmt die zu lernende Information eher passiv auf und ‚spart' damit momentan geistige Aktivität. Er muss dann jedoch später noch einmal viel Energie aufwenden, um sich die Information anzueignen. Der wirklich Faule nimmt die Information gleich mit geistiger Beteiligung auf und spart somit längerfristig geistige Arbeit und Vorbereitungszeit."[47]

Sie können diese Lerntätigkeiten beispielsweise grob danach unterscheiden, ob sie dem Schreiben, dem Visualisieren, dem Reduzieren oder dem Praxishandeln zuzurechnen sind. Dass sich jede Art von Lerntätigkeit noch weiter differenzieren lässt, lässt sich am Beispiel des Schreibens nachvollziehen: Das Anfertigen einer Mitschrift kann danach unterschieden werden, ob es sich um wortwörtliche oder eine in mehr oder minder großen Teilen von eigenen Gedanken getragene Mitschrift handelt. Die Verarbeitung der Informationen ist sicherlich tiefer bzw. intensiver, wenn das „Schreibprodukt" von vielen eigenen Ideen, Fragen und Beispielen geprägt ist. Von daher ist es sinnvoll, insgesamt von einer (vermuteten) Verarbeitungstiefe zu sprechen.

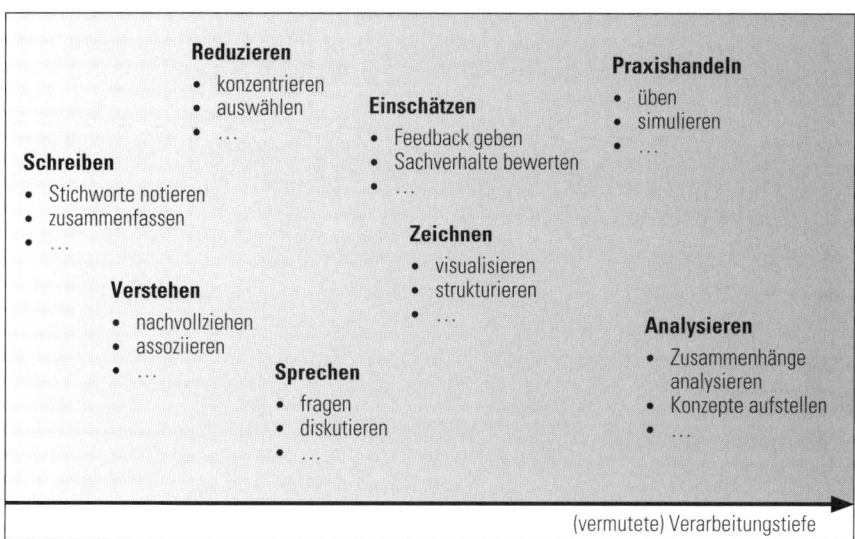

Abbildung 12: Lernhandlungen

Diese Überlegungen hinsichtlich der „levels of processing" spielen auch beim sogenannten **fotografischen Gedächtnis** eine Rolle. Untersuchungen zeigen hier, dass – entgegen einer weit verbreiteten Annahme – kein genaues fotografisches Abbild gespeichert wird, sondern dass die Lernenden in ihrer Vorstellung eher auf gespeicherte visuelle Prototypen zurückgreifen.[48] Die angenommenen Abbilder sind keine „Fotos der Realität", sondern meistens konstruierte Bilder. So ist ein scheinbar fotografisch gespeichertes Auto im Grunde genommen eine Abstraktion aus Dutzenden Autos aus einer mentalen Bildergalerie.[49]

Das Gedächtnis für visuelle Informationen ist zwar durchaus gut, doch der dahinterliegende Mechanismus beruht im Wesentlichen auf einer **semantischen, das heißt bedeutungsmäßigen Codierung und Speicherung.** Wenn manche Menschen den subjektiven Eindruck haben, sie würden „visuell" besser lernen, dann ist dies meist auf eine solche verständnisorientierte Codierung zurückzuführen, die sich des Visuellen eher als Orientierung bedient. Betrachtet man beispielsweise eine Tabelle mit bestimmten Kategorien, dann ist hierbei nicht die für die Strukturierung erforderliche visuelle Darstellung ausschlaggebend, sondern die bedeutungsgetriebene Kategorisierung, die durch das Visuelle nur augenscheinlich wird, sowie die in der Regel mehrmalige Verarbeitung der Inhalte.

Interessant ist im Übrigen, dass die **Anstrengung der Lernenden** umso geringer ausfällt, je geringer die Anforderungen des verwendeten Lernmediums wahrgenommen werden. So werden beispielsweise beim Lernen mit und aus Büchern mehr über das unmittelbar präsentierte Wissen hinausgehende Folgerungen gebildet als beim Betrachten entsprechender Filme.[50] Von daher kann die Reflexion einer Lerntätigkeit im Sinne der „levels of processing" und der Vielfalt der Handlungen (→ Kap. 5.1) dem Lernprozess bzw. der Prüfungsvorbereitung durchaus zuträglich sein.

3 Prüfungsinhalte auswählen

Inhalt

Zusammenfassung

Das Stoffmengenproblem (3.1) bezeichnet den Umstand, dass ein umfangreicher Prüfungsstoff und geringe Zeitbudgets das Lernen deutlich beeinträchtigen. Da die Lernenden häufig nicht genau wissen, was für die anstehende Prüfung wichtig bzw. weniger wichtig ist, versuchen sie, den „ganzen Stoff" zu erfassen. Dieses Phänomen wird mit dem Begriff „Vollständigkeitsfalle" umschrieben. Das „große Ganze" lässt sich mithilfe von Fachlandkarten (3.2) aufbereiten. Sie dienen als inhaltliche Leitsysteme für die Prüfungsvorbereitung und bieten – in unterschiedlicher Form: Mind-Maps, Begriffsnetze, prozessartige Strukturen – eine Übersicht über das jeweilige Fachgebiet. Das für eine Prüfung Wesentliche (3.3) lässt sich mithilfe verschiedener Techniken herausarbeiten bzw. darstellen. Eine zentrale Rolle spielen dabei die „Siebe der Reduktion". Lesen und Behalten (3.4) gelingen mit dem Dreischritt: das Lesen vorbereiten, gezielt lesen, das Gelesene nachbearbeiten und wiederholen. Diese Hinweise gelten sowohl für das traditionelle Printbuch als auch für Texte in elektronischer Form. Je mehr das Selbsterschließen von Texten dabei eine Rolle spielt, desto größer ist in der Regel der Behaltenserfolg.

3.1 Stoffmengenproblem und Vollständigkeitsfalle

Mit dem Stoff bin ich noch nicht (ganz) „durch". – Ich habe immer noch nicht alles „geschafft". – Vielleicht haben auch Sie häufig den Eindruck, dass die Menge des Lernstoffes – kurz: die Stoffmenge – zu umfangreich ist, als dass sie im jeweiligen zeitlichen Rahmen sinnvoll zu lernen wäre. Eine Studentin schildert dies aus ihrer Sicht: „In der heutigen Zeit ist es leider oft der Fall, dass man Themengebiete erklären soll, sie lernen soll, oder sich in möglichst kurzer Zeit

einarbeiten soll, in denen es riesige Mengen an Stoff gibt. Meistens weiß man
dann gar nicht, wo man überhaupt anfangen soll, und bevor man noch damit beginnen kann sich zu überlegen, was unbedingt alles erklärt werden muss,
sitzt man auch schon vor einem Berg Zettel, Bücher oder Webseiten, auf denen
diverse Ansichten, Beispiele oder wissenswerte Informationen zu finden sind,
die ‚unbedingt‘ notwendig sind. Es ist oft wirklich **schwer zu differenzieren
zwischen wirklich ‚Wichtigem‘ und Zusatzinformationen,** die zwar wichtig
erscheinen, für einen Laien aber viel zu weit in die Tiefe gehen oder für ganz
andere Bereiche benötigt werden und die für mich selbst gar nicht relevant sind
im Moment."[51]

Viele Studierende tappen da in die sogenannte **Vollständigkeitsfalle.** Da
sie nicht so genau wissen, was denn wichtig bzw. weniger wichtig ist, beschäftigen sie sich eben mit „allem", mit dem „ganzen Stoff". Dieses auf weitgehende
Vollständigkeit angelegte Lernen ist wohl auch eine Art „Sicherheitsstrategie".
Wenn ich nicht genau weiß, was denn in der Prüfung dran kommt, muss ich
eben (fast) alles lernen. Doch bedenken Sie: „Alles ist wichtig" gilt vielleicht
beim Sicherheitscheck eines Flugzeugs, aber nur selten beim Lernen. Denn bei
einem auf Vollständigkeit angelegten Lernen zahlen Sie einen Preis: Der einzelne Lerninhalt bekommt nur noch wenig Aufmerksamkeit, und damit sinkt
die Chance, dass Sie ihn gut erinnern, anwenden oder anderweitig nutzen können.

Sie können durchaus anhand Ihrer Lerntätigkeiten erkennen, ob für Sie
die Gefahr besteht, in die Vollständigkeitsfalle zu treten: Sollten Sie etwa jedes
Buch der Literaturliste lesen und/oder jedes Buch von vorn bis hinten durchlesen, so hätten Sie erste Hinweise auf **„vollständiges" Lernen.** Möglicherweise
sagen Sie auch zu sich: „Erst mal anfangen…". So positiv es auch sein mag, dass
Sie hier die Initiative ergreifen und mit dem Lernen beginnen, so wenig hilfreich wird es möglicherweise im Fortgang des Lernens sein, wenn Sie zunehmend die Orientierung verlieren und Zusammenhänge und Kontexte aus dem
Blick geraten. Es kann dann gut sein, dass Sie vor einigen Buchseiten sitzen und
darüber grübeln, was eigentlich der Inhalt des Textes war und warum so wenig
hängen geblieben ist. Gleiches kann Ihnen auch am Ende eines Lerntages passieren: Sie haben viele Stunden gelesen und gelernt, aber kaum Relevantes und
Wichtiges ist hängen geblieben. Weitere Lernhandlungen, die in Richtung Vollständigkeitsfalle tendieren, sind das „nervöse Überfliegen" eines Textes oder
das Verfassen von äußerst detaillierten Notizen.

Um den Umgang mit großen Stoffmengen in den Griff zu bekommen und
nicht der „Alles-ist-wichtig-Illusion" zu erliegen, ist eine einfache Unterschei-

dung zweier Herangehensweisen an einen Lernstoff hilfreich, die sich mit den Begriffen „Vollständigkeit" und „Gründlichkeit" gut etikettieren lassen:

▸ **Vollständigkeit:** Wer mit dem Anspruch auf Vollständigkeit lernt, der orientiert sich quantitativ. Je mehr Lernstoff, desto besser. Dieser (fast schon) enzyklopädische Ansatz ist häufig fachsystematisch oder chronologisch ausgerichtet, was für manche Lern- bzw. Prüfsituationen auch nützlich ist, doch gibt es Aufgabenformen, die – eher situativ ausgerichtet – Berechnungen, Anwendungen und fallspezifisches Agieren einfordern.

▸ **Gründlichkeit:** Wer die Idee der Gründlichkeit beim Lernen umsetzt, setzt sich mit dem Wesentlichen des Stoffes auseinander: dem fachlichen Kern und dem zentralen Anliegen. Gründlich zu lernen, bedeutet, sich (eher) weniger an fachlichem Wissen auszurichten und dafür mehr fachliches Denken, Handeln und Lernen ins Spiel zu bringen. Gründlichkeit setzt (auch) auf exemplarisches Lernen und fachtypische Fälle, Muster oder Beispiele.

Dass sich das Weglassen und die Vollständigkeit nicht ausschließen, darauf hat Klaus W. Döring mit der paradoxen Formulierung der **„Reduktion auf Vollständigkeit"**[52] hingewiesen. Wer die wesentlichen Aspekte eines Lernstoffs auswählt, kann dies so tun, dass sich das Thema als Ganzes darin spiegelt, beispielsweise indem exemplarische Beispiele so bestimmt werden, dass sie im Einzelnen stellvertretend das Ganze abbilden. Ein derartiges Vorgehen ist allerdings stark von den Lerninhalten und den Prüfungszielen abhängig: In der Organisationslehre (BWL) ist es durchaus vorstellbar, bestimmte Organisationsmodelle anhand von guten, d. h. exemplarischen Beispielen zu lernen. „Gut" heißt in diesem Falle, dass diese Beispiele so gewählt sind, dass sie die Besonderheiten des jeweiligen Modells eben auch richtig und vollständig abbilden. Wer sich hingegen in der Biologie mit der Klasse der Schmetterlinge beschäftigt, für den wird es kaum ausreichen, exemplarisch zwei oder drei Schmetterlinge benennen, beschreiben oder erläutern zu können. Die Möglichkeiten des „Weglassens" sind also durchaus prüfungsabhängig.

Wie wenig sinnvoll es sein kann, Lernen auf Vollständigkeit auszurichten, lässt sich noch aus zwei anderen Perspektiven erläutern: Aufmerksamkeit und Verarbeitungstiefe. Hinsichtlich der **Aufmerksamkeit** (→ Kap. 2.1) ist es im Wesentlichen so, dass diese nicht in beliebig hohem Maße vorhanden ist. Die Aufmerksamkeit, die ich einer bestimmten Sache – beispielsweise einem Lerninhalt, einer Fragestellung oder einem Fall – zuwende, ist für eine andere Sache nicht verfügbar und fehlt dort entsprechend (→ Zitat 2). Aufmerksamkeitspotenziale lassen sich nicht beliebig vergrößern. Experten eines bestimmten Fachgebiets gelten nicht deshalb also solche, weil sie ihre Aufmerksamkeit auf ganz viele fachliche Aspekte richten können, sondern weil sie dank ihrer durch Erfahrung geschulten und präzisen Erwartungen wissen, wo sie hinschauen müssen.

Das zweite Argument wider ein Lernen auf Vollständigkeit hat mit der **Verarbeitungstiefe** (→ Kap. 2.3) zu tun. Vereinfacht gesagt: Wenn man sich mit einem Sachverhalt nur oberflächlich und/oder wenig intensiv auseinandersetzt, dann ist die Chance eher gering, diesen Lerninhalt später verfügbar zu haben. Und umgekehrt: Wer sich mit einem Sachverhalt häufig und intensiv beschäftigt hat, der hat auch gute Aussichten, diesen Lerninhalt später verwenden zu können. Als (ganz grobe) Faustregel könnte etwa gelten: Sie sollten einen Inhalt mindestens dreimal bearbeiten, dann haben Sie ihn auch abrufbar und verfügbar. Dies können Sie anhand von Abb. 13 nachvollziehen, in der ein möglicher Zusammenhang zwischen Stoffmenge und Lernerfolg skizziert ist. „Je größer die Stoffmenge, desto geringer die Lernqualität – und umgekehrt", mag als Hypothese für einen begrenzten Bereich herhalten. Die Punkte A und B kennzeichnen unterschiedliche Vorgehensweisen beim Lernen: Bei einem angenommen gleichen Zeitbudget werden Sie sich bei Punkt A mit einer vergleichsweise größeren Stoffmenge beschäftigen als bei Punkt B. „Beschäftigen" heißt bei A aber, dass Sie insgesamt weniger Zeit investieren können und demzufolge auch nicht alles Wissen bzw. alle Kompetenzen verfügbar haben. Die Vorgehensweise B hingegen ist so angelegt, dass der gesamte gelernte Stoff auch intensiv gelernt werden kann und also in der Regel verfügbar und abrufbar ist.

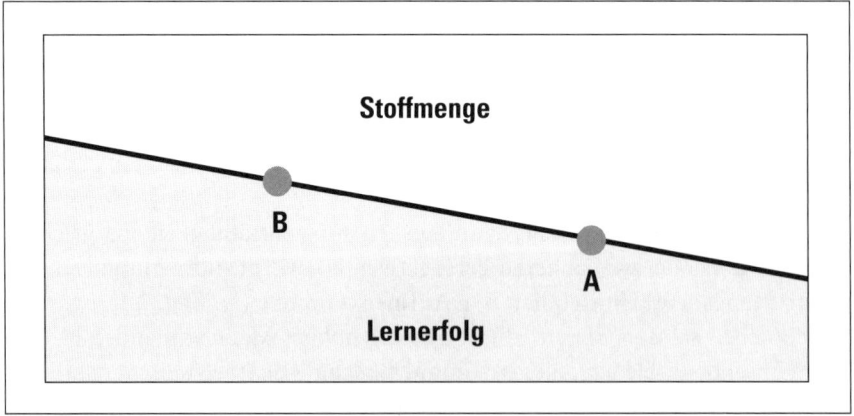

Abbildung 13: Das Verhältnis von Stoffmenge und Lernqualität

Für den Umgang mit großen Stoffmengen und zur Vermeidung der Vollständigkeitsfalle bietet sich ein Modell an, das von der Grundidee her auf den Phy-
sikdidaktiker Martin WAGENSCHEIN zurückgeht. Er hat den Zusammenhang
zwischen dem Kern eines Stoffes und den vielen Details in seinem **Bild von
der Grundlandschaft und den Tiefenbohrungen** dargestellt (→ Abb. 14). Die
Grundlandschaft steht für den Überblick und das Ganze, die Tiefenbohrungen
stehen für die intensive Auseinandersetzung mit dem prüfungsrelevanten Einzelnen und Wesentlichen. So, wie der Grundlandschaft das Verbindende und
Allgemeine anhaftet, stehen die Tiefenbohrungen als Muster, Vorbild oder Modell für etwas Fachtypisches. Beispiel: Die Darstellung „Werkstoffe" (→ Abb. 15)
bildet die diesbezügliche Grundlandschaft ab, mögliche Vertiefungen sind etwa
die Bereiche Stähle, Kunststoffe und Schicht-/Strukturverbünde.

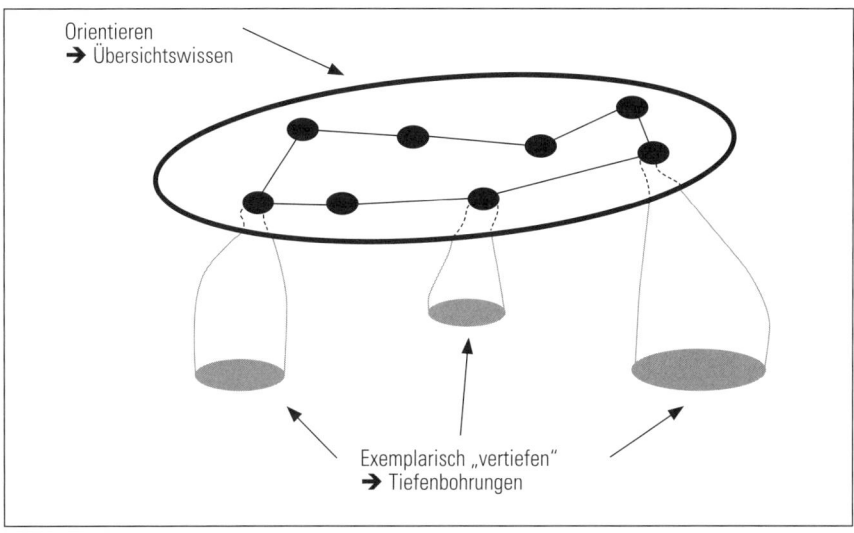

Abbildung 14: Grundlandschaften und Tiefenbohrungen[53]

Übersichtswissen beinhaltet zwar auch Faktenwissen, doch geht es in erster
Linie um die Ordnung des Ganzen und nicht um einzelne Gegebenheiten.
Es bildet sozusagen eine Art **„Rohbau" zur Einordnung von Detailwissen.**
Grundlegende (fachwissenschaftliche) Begriffe und Strukturen befördern das
Behalten von Wissensbeständen, weil das Erinnern und Rekonstruieren über
die verbindende Form und entsprechend strukturierte Prinzipien und Ideen
erfolgt. Ein derartiges „Basiswissen" kann in unterschiedlicher Form vorliegen,
z. B. als problem- und kontextbezogenes Wissen, als Symbolsprache, als Defini-

tionen oder historische Begebenheiten. Welche Bedeutung strukturelles Wissen für das Erinnern hat, lässt sich beispielsweise bei der Nacherzählung von Geschichten oder der Rekonstruktion von historischen Zusammenhängen erfassen. Zudem wird das Verständnis grundlegender Begriffe und Prinzipien sowie die Übertragung des Spezifischen auf allgemeine Fälle erleichtert. Nicht zuletzt wird ein Lerninhalt besser begreifbar, wenn man seine Grundlagen versteht.

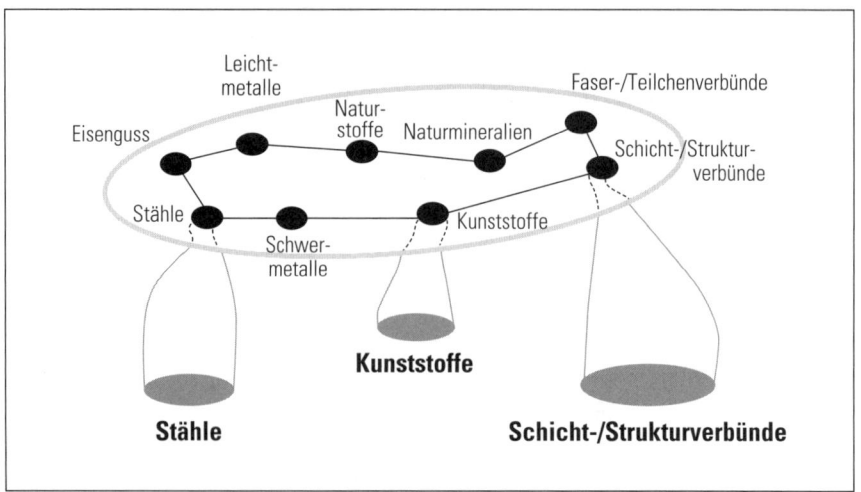

Abbildung 15: Grundlandschaften und Tiefenbohrungen – Werkstoffe (Werkstoffkunde)

Das Bild von der Grundlandschaft und den Tiefenbohrungen dient nicht nur als Muster für die Aufbereitung Ihres Prüfungsstoffes, sondern es hat auch **prüfungspraktische Vorteile**. Zum einen bestimmen Sie die möglichen „Tiefenbohrungen" für Ihre Prüfung, die Sie dann intensiv lernen können. Zum anderen gibt es den Effekt, dass man viele Einzelheiten auswendig lernt und dann enttäuscht ist, wenn in der Prüfung nur die großen Zusammenhänge gefragt werden. Das heißt, dass Sie über die Bestimmung der Grundlandschaft gleichzeitig die Zusammenhänge besser erfassen. Im Übrigen bereitet ein Vorgehen, das die Vollständigkeit meidet, auch auf die Beantwortung einzelner Prüfungsfragen vor. Sofern Sie nämlich davon ausgehen, alles sei wichtig, werden Sie mit schwierigen Aufgaben möglicherweise nicht rechtzeitig fertig werden.

Sollten Sie also den Eindruck gehabt haben, dass die Menge Ihres Lernstoffes – jedenfalls für den jeweiligen zeitlichen Rahmen – häufig zu umfangreich ist, dass Sie selten den Stoff „schaffen" und ganz „durchkommen", dann ist es für Sie möglicherweise hilfreich zu wissen, dass die Ausrichtung auf Vollständigkeit eben häufig in die Vollständigkeitsfalle führt. Die Ursachen dafür sind vielfältig, manchmal ist vielleicht ein gewisser Perfektionismus dafür die Ursache und befördert die **Alles-ist-wichtig-Illusion,** manchmal aber auch eine Form von Orientierungslosigkeit, die angesichts der großen Stoffmengen entstehen kann. Ein Denken in Grundlandschaften und Tiefenbohrungen kann dem zumindest teilweise entgegenwirken.

3.2 Das „große Ganze" (Big Picture) und die Fachlandkarten

Fachlandkarten sind Strukturhilfen auf der Ebene des Prüfungsfachs, die dazu beitragen, die fachliche Grundlandschaft (→ Kap. 3.1) sichtbar und nachvollziehbar zu machen. Sie erleichtern den Aufbau von Orientierungswissen, sodass Sie sich im jeweiligen Prüfungsgebiet besser zurechtfinden. Auch aus Gründen des besseren Erinnerns und Abrufens ist eine solche Strukturhilfe sinnvoll, da strukturierte Informationen bzw. Sachverhalte besser verstanden und in das bestehende Wissensnetz eingeordnet werden als zusammenhangslose. Nur in einem geordneten Zusammenhang erkennen Sie das „große Ganze" (big picture), und das Detailwissen erhält „seinen" Sinn.

Fachlandkarten sind sozusagen die „Routenplaner" für Ihre Prüfungsvorbereitung. Sie dienen als **inhaltliche Leitsysteme,** die – in unterschiedlicher Form: Mind-Maps, Begriffsnetze, prozessartige Strukturen – eine Übersicht über ein Fachgebiet oder ein Thema ermöglichen. Zudem werden auch die in den Inhalten enthaltenen Strukturen, d. h. Beziehungen, Gefüge und Anordnungen, deutlicher. Eine Fachlandkarte über die „Grundlagen der Programmierung" (→ Abb. 20) informiert über die Zusammenhänge zwischen den einzelnen programmiertechnischen Begriffen und Konzepten, eine Fachlandkarte „Satzglieder" über die Bestandteile des Satzes in der französischen Sprache und eine Fachlandkarte „Geschichte des 20. Jahrhunderts" über die wichtigsten historischen Ereignisse in diesem Zeitraum.

Fachlandkarten lassen sich in verschiedenen Varianten erstellen, wobei insbesondere die Wahl der Textelemente und deren Anordnung bedeutsam sind:

▸ **Textelemente:** Begriffe bezeichnen Inhalte, so beispielsweise „Leichtmetalle" als Ausprägung der Nichteisen-Metalle in der Fachlandkarte „Werkstoffe" (→ Abb. 16), der „Hauptsatz der Differenzial- und Integralrechnung" in der Fachlandkarte „Analysis" (→ Abb. 17) oder „Dilemmata" in der Fachlandkarte Organisationsentwicklung (→ Abb. 19). Während die begriffsorientierten Darstellungen in der Regel ausschließlich Substantive für die Fachlandkarte verwenden, nutzen andere Darstellungen auch Aussagen, d. h. sprachliche Formulierungen, die einen Sachverhalt, eine These oder eine Vermutung ausdrücken. Ein Beispiel sind die „klar formulierten und kontrollierten Leistungserwartungen" als „Gütekriterien für Unterricht" in der Fachlandkarte „Lernen" (→ Abb. 18). Aussagen enthalten im Unterschied zu Begriffen häufig ein Verb oder ein substantiviertes Verb.

▸ **Anordnung der Textelemente:** Über die Struktur der Fachlandkarte lassen sich Ordnungen der Begriffe bzw. Aussagen ausmachen, z. B. in einer hierarchischen Form in der Fachlandkarte „Analysis" (→ Abb. 17). Dort erkennt man, dass „Bestimmtes Integral" und „Unbestimmtes Integral" Hauptbereiche dieses Themenfelds sind und dass etwa „Stammfunktionen" und „Ober- und Untersummen" wiederum Teilbereiche des „Integrierens" sind. In der Fachlandkarte „Lernen" (→ Abb. 18) finden sich ebenfalls hierarchische Formen der Anordnung, allerdings in einer anderen optischen Aufbereitung: „Lerntheorien" ist einer der Hauptbereiche, „Behaviorismus", „Kognitivismus" und „Konstruktivismus" sind Teilbereiche.

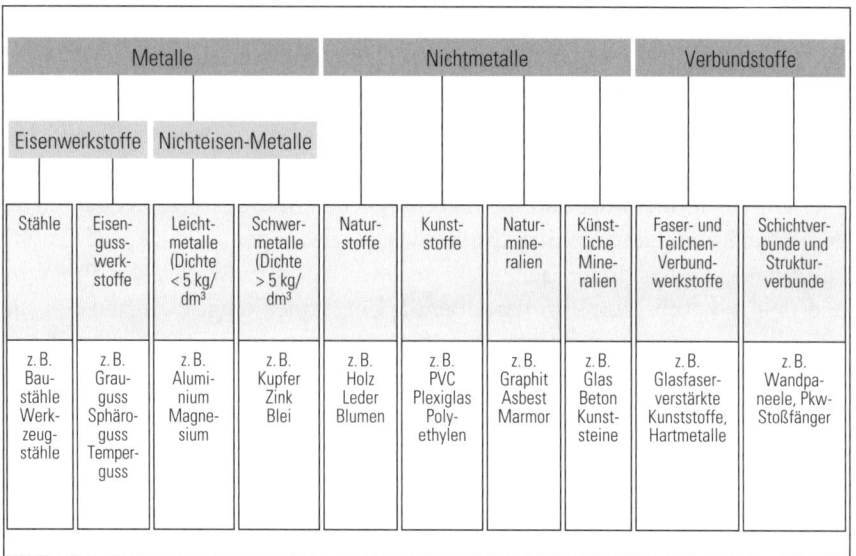

Abbildung 16: Fachlandkarte – Werkstoffe (Werkstoffkunde)
Quelle: Christiani – Technisches Institut für Aus- und Weiterbildung: Einteilung der Werkstoffe; http://www.christiani.de/pdf/72801_probe.pdf; S. 11, Zugang am 1.9.2014.

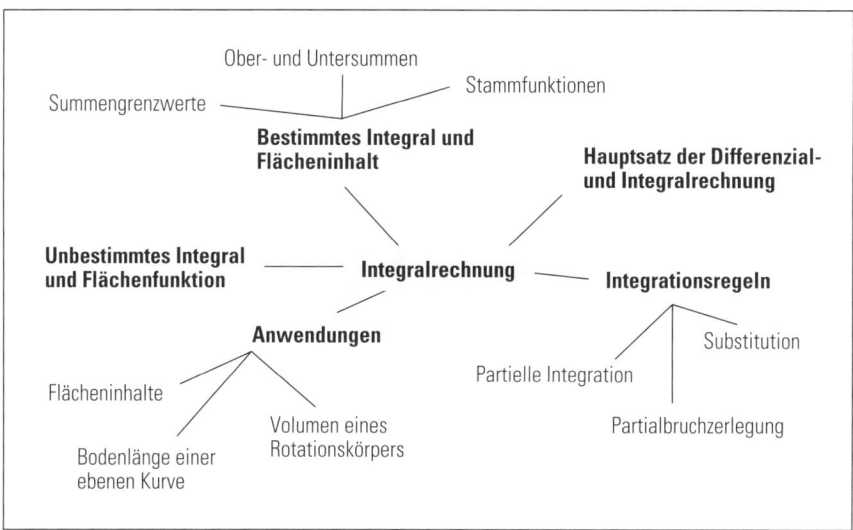

Abbildung 17: Fachlandkarte – Integralrechnung (Mathematik)

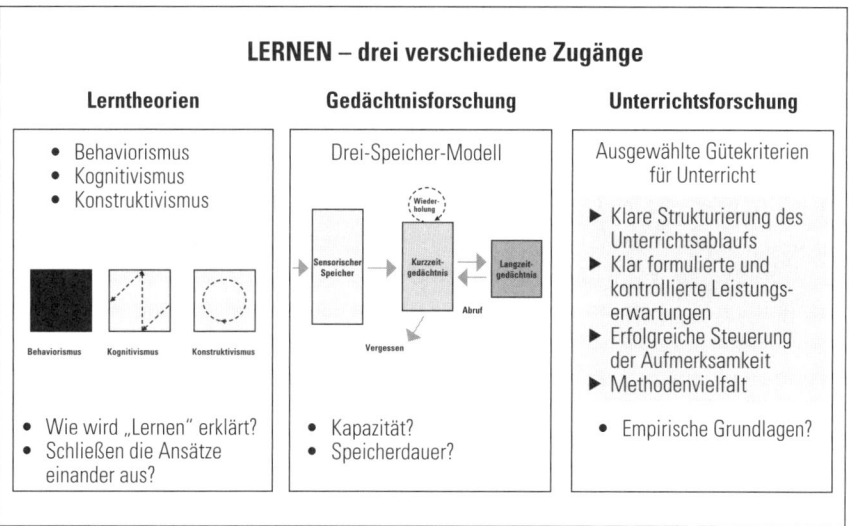

Abbildung 18: Fachlandkarte – Lernen (Didaktik/Lernpsychologie)

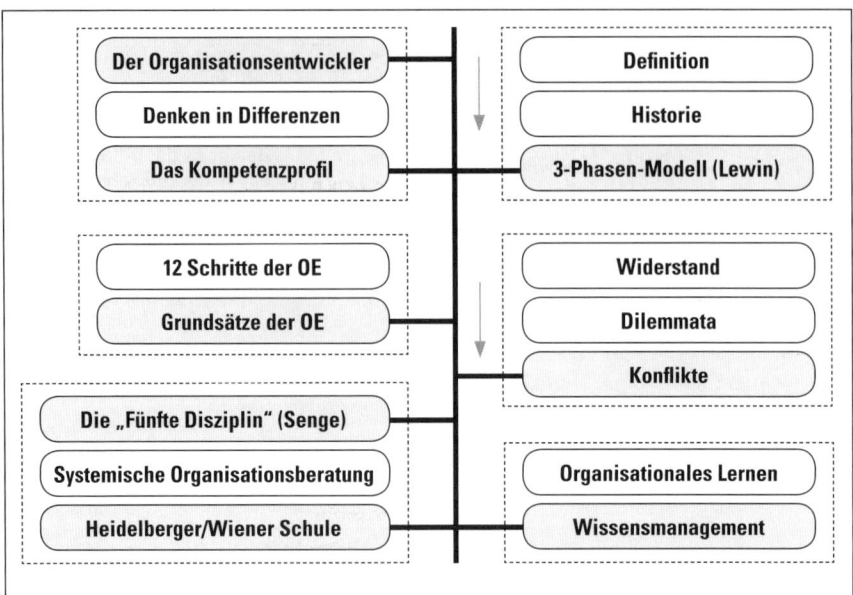

Abbildung 19: Fachlandkarte – Organisationsentwicklung

Fachlandkarten tragen dazu bei, dass Sie das **„große Ganze"** (big picture) erfassen und erkennen können. Sie nehmen Zusammenhänge wahr und erfahren etwas über den Stellenwert einzelner Wissensbausteine. Fachlandkarten reduzieren den Stoff auf Kernthemen, wichtige Aspekte bzw. Komponenten eines Themas und elementare Fragen. Zudem bezeichnen sie Verbindungen, Verknüpfungen und Abhängigkeiten und ordnen Sachverhalte in den jeweiligen Kontext ein. Prinzipiell ist es auch denkbar, dass Sie nicht nur eine einzige Fachlandkarte zu einem Thema bzw. Prüfungsfach erstellen, sondern auch auf der darunterliegenden Ebene mit einer Fachlandkarte, die dann quasi zweiter Ordnung ist, fortsetzen. Dadurch haben Sie einerseits einen groben Überblick über wesentliche fachliche Aspekte und können anderseits bei Interesse auch in die Tiefe gehen.

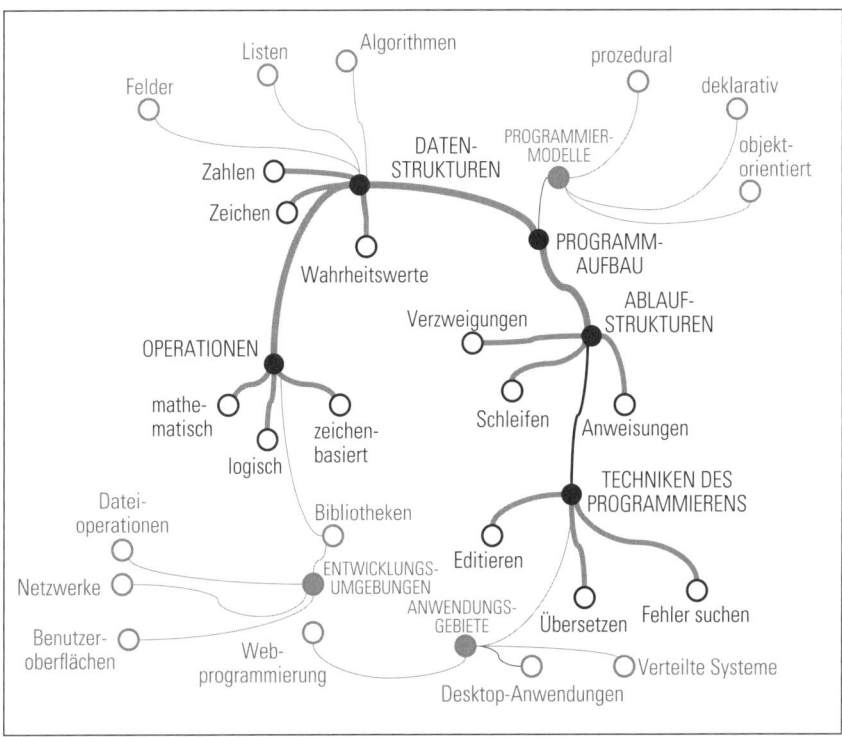

Abbildung 20: Fachlandkarte – Programmierung (Informatik)
Quelle: Karsten Böhm, entwickelt im Workshop „Hochschuldidaktik 1" der Österreichischen Fachhochschul-Konferenz, 2007.

3.3 Das Wesentliche und die „Siebe der Reduktion"

Für jeden Stoff und jede Art von Lernen gilt: Die Inhalte lassen sich grundsätzlich in **unterschiedlich starker Konzentration** aufnehmen und verarbeiten.
Deshalb bietet es sich an, zunächst einmal in grober Näherung die Prüfer/in-
nen, das Zeitbudget und die Prüfungsziele aufzuzeigen, um dann anschließend
die richtige inhaltliche „Lern- bzw. Prüfungsdosis" zu finden. Andere Rahmen-
bedingungen führen selbstredend zu einer anderen „Dosis". Bitte beantworten
Sie also die folgenden Fragen so gut wie möglich:

▸ **Prüfer/in:** Wer prüft mit welchen Schwerpunkten und welcher Art von
  Aufgaben?

▸ **Zeitbudget:** Welcher zeitliche Rahmen steht für das Lernen (aber auch für die Prüfung) zur Verfügung?

▸ **Prüfungsziele:** Was wird von Ihnen nach diesem Unterricht bzw. dieser Veranstaltung erwartet? Was sollen Sie wissen, was können? Was ist wesentlich?

Insbesondere die allerletzte Frage „**Was ist wesentlich?**" ist keineswegs leicht zu beantworten. Versuchen Sie also in einem ersten Schritt, Informationen zu den Prüfungen einzuholen. Prüfungen wiederholen sich in der Regel in ihrer Grundstruktur, sicher auch deshalb, weil es für die Prüfenden ein riesiger Aufwand wäre, Aufgaben bzw. Fragen gänzlich neu zu stellen. Sie können also aus Unterlagen zu alten Prüfungen (Mitschriften oder Fragenkataloge) bzw. über eine Internet-Recherche herausfinden, welches Gesamtwissen notwendig ist, welche Themengebiete mit welcher Häufigkeit und Intensität bzw. Tiefe vorkommen und welche Prüfungsteile wie gewichtet sind. Sind derartige Unterlagen nicht vorhanden, können Sie mögliche Prüfungsschwerpunkte immer noch aus den verschiedenen Lehrsequenzen erschließen. Welche Inhalte wurden von den Vortragenden besonders intensiv behandelt? Welche Schwerpunkte wurden im Skriptum bzw. – falls nicht vorhanden – in der herangezogenen Fachliteratur gesetzt? Und ganz handlungspraktisch: Welche Inhalte brauche ich zur Aufgabenbearbeitung bzw. zur Problemlösung?

Zitat 7: Eine Studentin – Zusammenfassen (2012)

„Es gibt Menschen, denen sagt man ‚Kannst du mir kurz zusammenfassen, was die Funktion (oder was auch immer) macht?' und am Ende kommt über eine Seite Text dabei raus, den ein anderer in einem Satz zusammenfassen kann."

Sollten keine Mitschriften bzw. Fragenkataloge verfügbar sein und Sie zudem die Lehrveranstaltungen – aus welchen Gründen auch immer – verpasst haben, müssen Sie sich notgedrungen auf die angegebene Fachliteratur stützen. Dies kann am Anfang recht herausfordernd sein, denn **wenn man den Stoff gar nicht kennt, ist alles irgendwie gleich wichtig oder unwichtig.** Da Sie nicht alle Einzelheiten lernen können, ist aber ein reduzierter Zugang unumgänglich, der in starkem Maße von Ihrer Fachdisziplin bestimmt wird. Wenn Sie Mechanik lernen wollen, werden Sie sich einerseits die vielen Beispiele ansehen, andererseits aber auch versuchen die dahinterliegenden Überlegungen, Gesetzmäßigkeiten usw. zu verstehen. Sollten Sie sich auf ein juristisches Fach vorbereiten, werden Sie sich zum einen an der jeweiligen Fachsystematik orientieren, zum anderen aber auch markante Beispiele in den Blick nehmen und bestimmte Inhalte einfach auswendig lernen. Falls Sie sich in der Soziologie mit bestimmten Theorien und Konzepten auseinandersetzen müssen, können Sie sich deren Inhalt über die vorliegende Argumentation erschließen. Sie werden also Schlussfolgerungen nachvollziehen und so ein Verständnis des jeweiligen Ansatzes aufbauen. Auch hier können Beispiele eine wichtige Rolle spielen.

Der Ausspruch „Sie haben einen Adlerblick für das Unwesentliche" wird dem Regisseur Fritz KORTNER zugeschrieben.[54] Er drückt aus, dass es keineswegs einfach – und schon gar nicht banal – ist, das Wesentliche eines Inhalts zu erfassen. Im Gegenteil, es ist eine **hohe Kunst, den inhaltlichen Kern herauszuschälen** und nicht in die sogenannte Vollständigkeitsfalle zu tappen. Aus der Expertiseforschung weiß man, dass das Herausarbeiten des Wesentlichen bei Fachleuten im Vergleich zu Novizen zu unterschiedlichen Ergebnissen führt. Während die Experten vor allem die relevanten Aussagen, Prinzipien und Gesetze aus einer schriftlichen Unterlage herausziehen, fokussieren Novizen eher nur scheinbar bedeutsame Fakten und Formeln wie – beispielsweise von der äußeren Form her – verführerische Details. Wie auch immer Sie vorgehen, letztlich müssen Sie Inhalte danach unterscheiden, ob Sie Ihrer Meinung nach für die anstehende Prüfung wesentlich sind oder nicht.

Zitat 8: Steve JOBS – Focussing (2008)

„People think focus means saying yes to the thing you've got to focus on. But that's not what it means at all. It means saying no to the hundred other good ideas that there are. You have to pick carefully."[55]

Das für Ihre Prüfung Wesentliche kann in durchaus unterschiedlicher Form, häufig fachspezifisch ausgeformt, aufscheinen. Demzufolge kann sich die inhaltliche Konzentration auch auf **verschiedene inhaltliche Konstrukte** beziehen. Da Wissen auf Begriffen, Aussagen und Strukturen aufbaut, können diese auch Gegenstand einer inhaltlichen Konzentration sein. Zudem kann sich die Konzentration auch auf Fragen, Erfahrungen und Situationen beziehen. So spielen beispielsweise in der Philosophie elementare Fragen und Erfahrungen eine wichtige Rolle. In den Naturwissenschaften kann es ein Gemenge aus Einsichten, Erfahrungen, elementaren Erkenntnissen, Gesetzen, Regeln und Formeln sein (→ Infotafeln 6 und 7). In Jus (Jura) kann es sich um einen wesentlichen Grundsatz oder eine fachtypische Vorgehensweise handeln.

Infotafel 6: Erscheinungsformen des Wesentlichen (Chemie)

Wesentliche inhaltliche Aspekte können in der Chemie in vielerlei Gestalt auftreten:

▸ als grundlegende Einsicht (z. B.: Die chemischen Elemente lassen sich aufgrund ihrer Eigenschaften in eine systematische Ordnung bringen.),

▸ als formuliertes Gesetz (z. B. Massenwirkungsgesetz),

▸ als gültige Regel (z. B. Oktettregel),

▸ als prinzipielle Erkenntnis (z. B.: Doppelbindungen sind weniger stabil als Einfachbindungen.),

▸ als Zusammenhang, Nachwirkung (z. B. Wirkung von Katalysatoren) oder Bedeutung (z. B. Bedeutung von Katalysatoren in der industriellen Synthese) oder auch

▸ als ganz einfache Erfahrung (z. B.: Das Herausspritzen von Substanzen beim Erhitzen im Reagenzglas ist durch Schütteln vermeidbar.).[56]

Infotafel 7: Was ist das Wesentliche? – Elektrische Spannung (Physik)

Die Frage „Was ist elektrische Spannung?" lässt sich unterschiedlich beantworten. Was jeweils wesentlich ist, kann nur mit einem Bezug auf das Lern- bzw. Prüfungsziel und den jeweiligen Kontext gesagt werden. Mögliche Antworten sind:

▸ Spannung ist das, was man mit dem Voltmeter misst,

▸ Spannung ist die Kraft, die Elektronen im Leiter bewegt,

▸ Spannung ist die Ursache für Stromfluss,

▸ Spannung ist Potenzialdifferenz,

▸ Spannung ist Elektronen(dichte)unterschied,

▸ Spannung ist Arbeit pro Ladung,

▸ Spannung ist die zeitliche Änderung des magnetischen Flusses,

▸ Spannung $U = \int E \, ds$.[57]

Die Auswahl des Wesentlichen lässt sich am Beispiel eines Blumenstraußes (→ Abb. 21) gut nachvollziehen. Wer seiner Liebsten Blumen mitbringen möchte, der pflückt auch nicht den ganzen Garten, sondern wählt einige Blumen aus – meistens die schönsten oder auffälligsten. Die Blumen werden dann mit etwas Grün verziert und geschmackvoll arrangiert. Im übertragenen Sinn bedeutet dies: Sie haben den wesentlichen Prüfungsstoff ausgewählt und in eine gut abrufbare Form überführt.

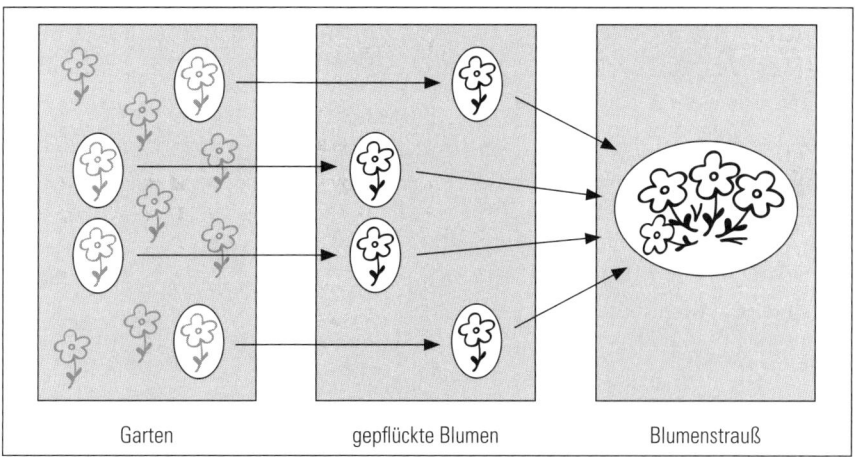

Abbildung 21: Die Blumenstraußtechnik

Damit Sie die zentralen Konzepte und Prinzipien fokussieren, bedarf es einerseits der richtigen Perspektive – was sind die wesentlichen Fragestellungen eines Wissensgebiets –, andererseits aber auch bestimmter **Auswahltechniken,** die Ihnen beim Fokussieren helfen. Mögliche Techniken sind:

▸ Siebe der Reduktion
▸ Extremreduktion
▸ Track One & Two
▸ Prioritäten-Check
▸ Reduktion von Begriffsstrukturen.

Die **Siebe der Reduktion** basieren auf einem Prinzip, das es auch in der Technik gibt, beispielsweise bei der Trennung und Aufbereitung von Gemischen. Erdöl ist ein solches Gemisch von Flüssigkeiten, die man durch ein technisches Verfahren voneinander trennen kann. Das Verfahren heißt fraktionierte Destillation und beruht darauf, dass die einzelnen Flüssigkeiten verschiedene Siedepunkte haben. So wird Leichtbenzin bei 150° C ausgeschieden, Petroleum bei 200° C, Heizöl bei 300° C und Schweröl bei 370° C. Wenn man sich die hohen Rohrtürme einer Erdölraffinerie anschaut, kann man diese einzelnen Bereiche, die Fraktionen, meist gut erkennen. Denkbar ist es, Prüfungsinhalte ähnlich aufzubereiten. Die fraktionierte Destillation von Lerninhalten ergäbe dann verschiedene inhaltliche Fraktionen, abhängig vom „Siedepunkt" der einzelnen Inhalte.

Dieses Prinzip findet nun auch bei den Sieben der Reduktion Anwendung, und zwar indem mit unterschiedlich feinen Sieben (= z. B. den unterschiedlich stark konzentrierten Aussagen) Sand verschiedenster Körnung (= z. B. die Aussagen) getrennt wird. Durch ein grobes Sieb fällt fast alles hindurch, übrig bleiben nur wenige Sandkörner. Ein feines Sieb hingegen hält den Großteil des Sandes zurück. Dementsprechend kann man bei einem bestimmten Prüfungsabschnitt fragen:

▶ **Grobes Sieb (R1):** Angenommen, es gäbe für dieses Fach nur drei zentrale Aussagen – welche wären dies? Und warum?

▶ **Mittleres Sieb (R2):** Angenommen, es wären acht Aussagen bedeutsam – welche sollten dies sein?

▶ **Feines Sieb (R3):** Angenommen, Sie sind in der Lage, auch 16 Aussagen zu lernen – welche könnten dies sein? (→ Abb. 22 und 23)

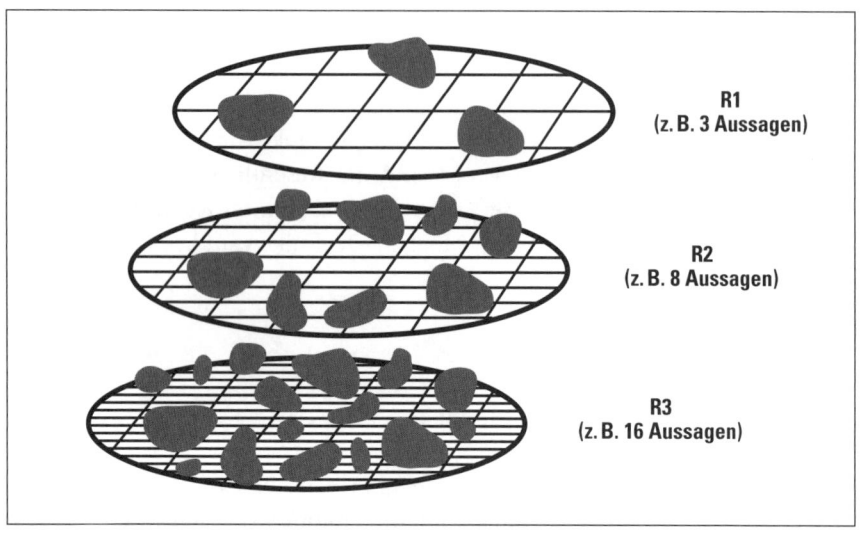

Abbildung 22: Die Siebe der Reduktion – Auswahl nach Prüfungsinhalten

Bei den zu siebenden Objekten kann es sich – abhängig von Ihrem Prüfungsfach bzw. dem jeweiligen Prüfungsabschnitt – um **verschiedene inhaltliche Konstrukte** handeln wie Begriffe, Aussagen, Formeln, Gesetzmäßigkeiten und Modelle. Haben Sie nur einen kleinen Zeitrahmen, in dem Sie möglichst viel lernen möchten, dann werden Sie nur das oberste „Sieb" benutzen. Sie lernen also zunächst nur die „groben Brocken", d. h. die wichtigsten Aspekte Ihres Fachs. Haben Sie mehr Zeit, dann können Sie – je nach Zeitrahmen – auch noch mehr von den „feineren Sieben" dazu nehmen. In Abb. 23 finden Sie ein ganz einfaches Beispiel zum Thema Komma- bzw. Beistrichsetzung. Für den

Fall, dass Sie zum Lernen nur äußerst wenig Zeit haben, müssten Sie entscheiden, mit welchen Regeln Sie sich beschäftigen wollen. Im Beispiel sind zwei Regeln ausgewählt, wobei diese Auswahl eine subjektive Entscheidung ist, die gegebenenfalls auch anders ausfallen kann.

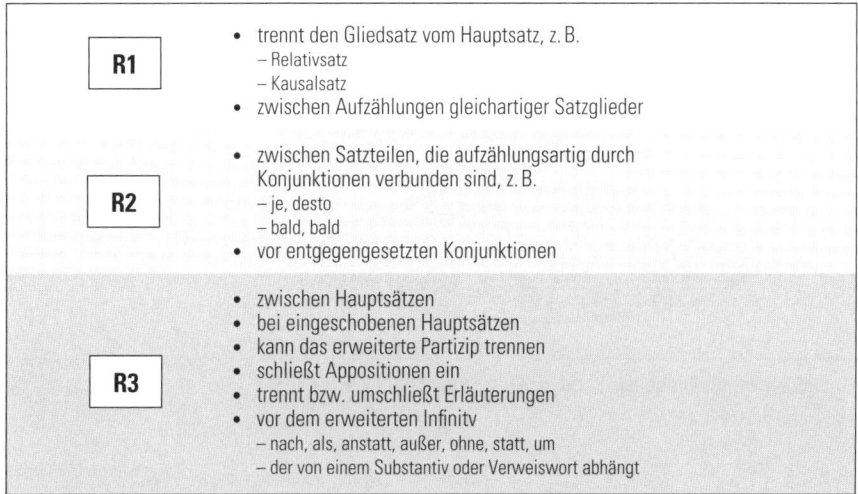

R1
- trennt den Gliedsatz vom Hauptsatz, z. B.
  – Relativsatz
  – Kausalsatz
- zwischen Aufzählungen gleichartiger Satzglieder

R2
- zwischen Satzteilen, die aufzählungsartig durch Konjunktionen verbunden sind, z. B.
  – je, desto
  – bald, bald
- vor entgegengesetzten Konjunktionen

R3
- zwischen Hauptsätzen
- bei eingeschobenen Hauptsätzen
- kann das erweiterte Partizip trennen
- schließt Appositionen ein
- trennt bzw. umschließt Erläuterungen
- vor dem erweiterten Infinitv
  – nach, als, anstatt, außer, ohne, statt, um
  – der von einem Substantiv oder Verweiswort abhängt

Abbildung 23: Die Siebe der Reduktion – Interpunktion (Deutsch)[58]

Sie können aber auch eine **zeitliche Eingrenzung** als Bezugsgröße nehmen. Dementsprechend könnten Sie sich beispielsweise bei einer insgesamt zweitägigen Vorbereitungszeit fragen:

▸ **Grobes Sieb (R1):** Welche Prüfungsinhalte nehme ich, wenn mir für das Lernen nur 60 Minuten zur Verfügung stehen?

▸ **Mittleres Sieb (R2):** Was lerne ich, wenn ich fünf Stunden Zeit habe?

▸ **Feines Sieb (R3):** Womit beschäftige ich mich, wenn ich komplette zwei Tage für die Prüfungsvorbereitung habe? (→ Abb. 24, 25 und 26)

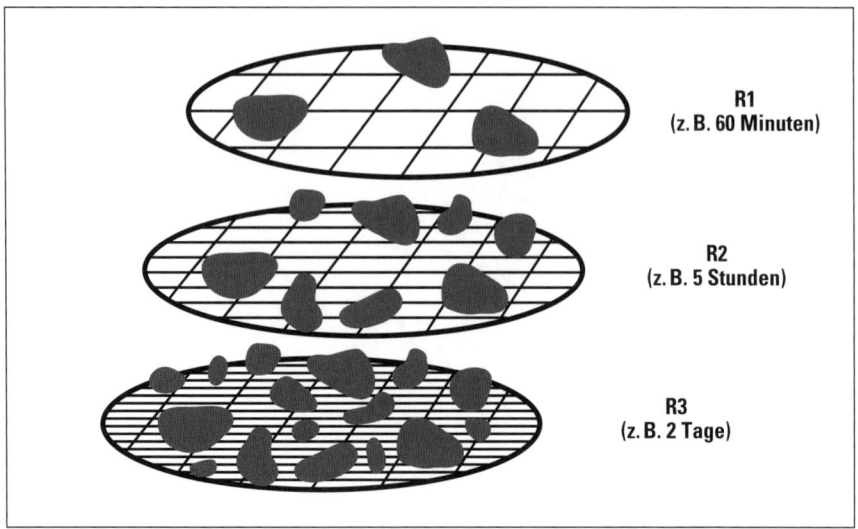

Abbildung 24: Die Siebe der Reduktion – Auswahl nach Lernzeit

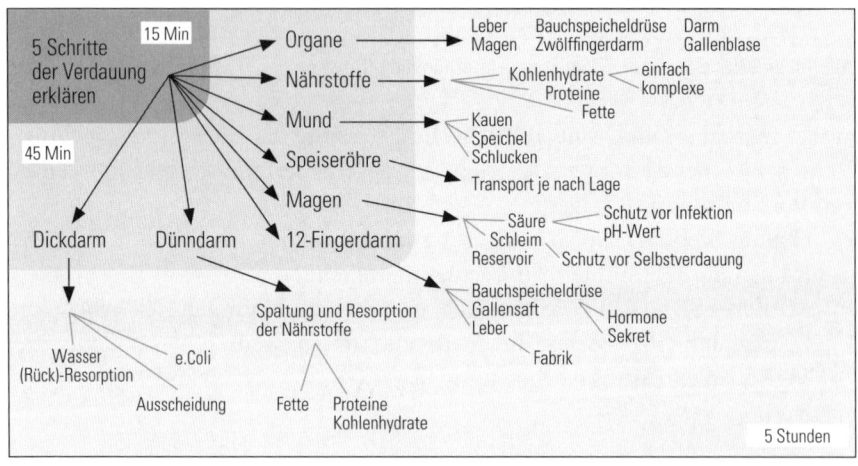

Abbildung 25: Die Siebe der Reduktion – Verdauung (Biologie)
Quelle: N.N., entwickelt im Workshop „Viel Stoff – wenig Zeit", FORMI – Fortbildung für Mittelschullehrpersonen, Kanton St. Gallen, 2012.

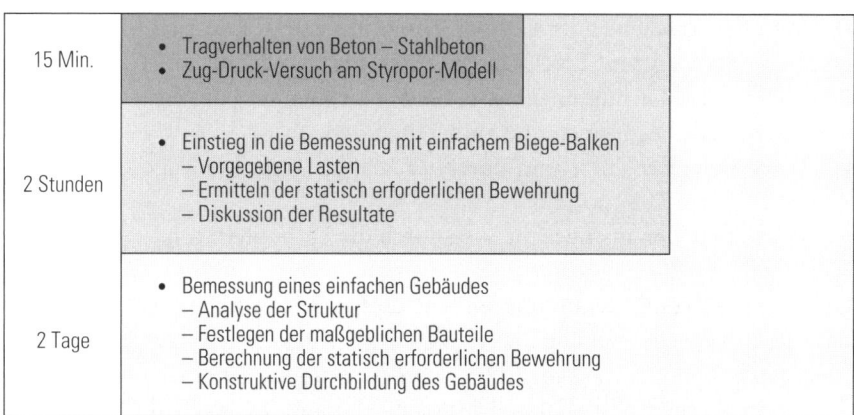

Abbildung 26: Die Siebe der Reduktion – Stahlbetonbau (Bauwesen)
Quelle: N. N., entwickelt im Workshop „Viel Stoff – wenig Zeit", DiZ Bayern, 2012.

Ein Vorgehen, bei dem in einem ersten Schritt der Kern eines Lernstoffs ermittelt wird, wird als **Extremreduktion** bezeichnet. Häufig ist diese Extremreduktion identisch mit dem Inhalt des gröbsten Siebes R1. Es geht also darum, ein Thema auf wenige Sätze oder ein einfaches Schaubild zu konzentrieren (→ Infotafel 8). Ein derartiges Vorgehen ist immer dem Vorwurf ausgesetzt, allzu stark zu vereinfachen. Wenn man sich allerdings klarmacht, dass die Extremreduktion nur eine Seite der Medaille ist und die Anreicherung durch Einzelheiten die andere, dann lässt sich dieses Vorgehen durchaus als Variante des Prüfungslernens akzeptieren.

Infotafel 8: Extremreduktion – Beispiel Prozessmanagement (BWL)

Es gibt verschiedene Möglichkeiten, das Grundprinzip des Prozessmanagements zu beschreiben. Mögliche Varianten sind:

▸ (1) Erst die Ablauf- und dann die Aufbauorganisation.

▸ (2) In Prozessen denken, also in einer Folge von Aktivitäten, die zu einem Ergebnis führen.

▸ (3) Input, Aktivitäten und Output beschreiben.

▸ (4) Geschäftsprozesse erheben, dokumentieren, gestalten und verbessern.

Die Entscheidung für eine dieser Varianten, z. B. die (2), ist eine Form der inhaltlichen Auseinandersetzung und zugleich ein „Auf-den-Punkt-Bringen".

Die Idee, die den Sieben der Reduktion zugrunde liegt, lässt sich auch für Ihre Lernunterlagen nutzen: **Track One & Track Two** bezeichnet ein Vorgehen, bei dem Sie für eine Lernunterlage zwei unterschiedlich umfangreiche bzw. detaillierte Lernpfade bestimmen und aufbereiten:

▸ **Track One:** der kurze und überblicksmäßige Weg durch die Lernunterlagen;

▸ **Track Two:** der ausführliche Weg durch die Lernunterlagen.

Gerade dann, wenn Lernunterlagen sehr umfangreich sind, besteht die Gefahr, dass die Inhalte eher zufällig und wenig zielgerichtet ausgewählt werden. Wird hingegen geklärt, welche Inhalte aus welchen Gründen für einen ersten Durchgang beim Lernen besonders wichtig sind, können Sie auch Ihr Übersichtswissen besser ausbilden. Besonders bemerkenswert an dieser Vorgehensweise ist, dass Sie beim ersten Lernpfad (**Track One**) bereits **auf den prüfungsrelevanten Stoff als Ganzes zurückgreifen.** Ein Beispiel: Stellen Sie sich vor, Sie hätten ein Folienskript mit 200 Folien zur Prüfung zu lernen. Dann besteht eine weitgehend übliche Vorgehensweise darin, zunächst einmal die ersten Folien zu lesen und zu lernen. Angenommen, Sie schaffen 30 Folien an einem Tag, dann läge der Fokus also auf den ersten 30 Folien. Track One hingegen stellt die Frage, welche – sagen wir – 30 Folien aus dem gesamten (!) Folienskript den wesentlichen Prüfungsstoff abbilden. Dann würde man sich im ersten Lernschritt auf diese ausgewählten („Siebe der Reduktion") Inhalte konzentrieren (→ Abb. 27).

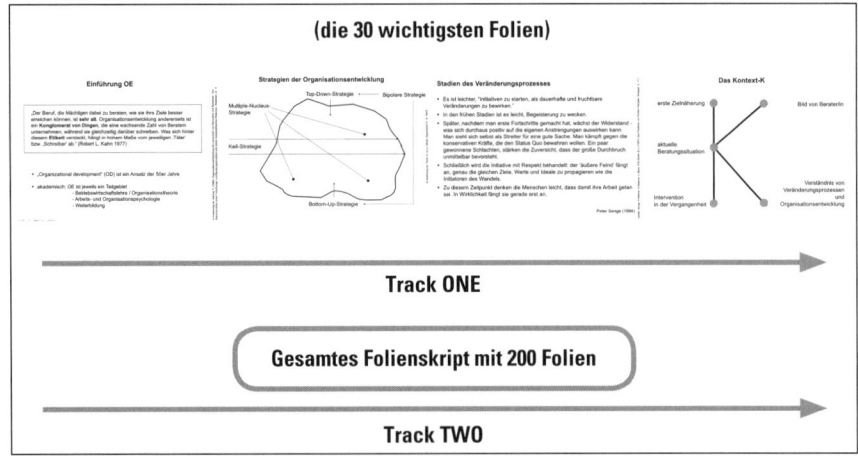

Abbildung 27: Track One & Track Two

Track One & Track Two gibt es in zwei Varianten:

▸ **Kennzeichnung der verschiedenen Reduktionsstufen:** In einer Lernunterlage kennzeichnen Sie Track One durch entsprechende Markierungen. Was Sie (z. B. farblich) gekennzeichnet haben, signalisiert Ihnen: Das ist besonders wichtig!

▸ **Zwei (oder mehrere) Lernunterlagen:** Die unterschiedlich starke Konzentration der Inhalte führt zu unterschiedlich umfassenden Lernunterlagen, z. B. das Mini-Skript hat 15 Seiten, das umfassende Skript 80 Seiten.

Die Siebe der Reduktion lassen sich noch in einer weiteren Form anwenden, die den Vorrang einzelner Prüfungsinhalte gegenüber anderen herausstellt: der **Prioritäten-Check.** Dies bedeutet nichts anderes, als die prüfungsrelevanten Inhalte in eine Rangfolge zu bringen, die sich auf deren mögliches Gewicht in der anstehenden Prüfung bezieht. Ein Beispiel: Im Englischen gibt es viele „false friends", d. h. Wörter, die insbesondere von der Rechtschreibung oder der Aussprache her Ähnlichkeiten zu einem deutschen Wort aufweisen, sich aber von diesem in der Bedeutung unterscheiden. So ist „aktuell" nicht mit „actual" (wirklich, tatsächlich) zu verwechseln; besser wäre hier z. B. „current". Die Feststellung und Kenntnis der zehn häufigsten „false friends" wäre für einen entsprechenden Prüfungskomplex bedeutsam. Der Nebeneffekt: Durch den korrekten Gebrauch von wenigen Wortpaaren ließe sich ein Großteil der diesbezüglichen Fehler vermeiden.

Für die Auswahl von prüfungsrelevanten Begriffen bietet sich – zusätzlich zu den Sieben der Reduktion – ein weiteres Vorgehen an, mit dem die verwendeten Begriffe aus der Perspektive der anstehenden Prüfung heraus zu reflektieren sind: die **Reduktion von Begriffsstrukturen.** Dabei werden die verwendeten Begrifflichkeiten systematisch reflektiert und aufgearbeitet. Folgende Arbeitsschritte sind vorgesehen:

▸ **Begriffe auflisten und gewichten:** eine vollständige Liste aller benutzten Fachbegriffe erstellen und die zentralen Fachbegriffe markieren;

▸ **Begriffsliste prüfen und ausdünnen:** überflüssige, aktuell nicht benötigte Begriffe streichen (mögliche Prüfkriterien: bereits bekannt, ersetzbar, zu umschreiben bzw. durch Beispiele zu erläutern, funktional bezüglich Prüfungsziel und möglicher Aufgabenstellung);

▸ **Reduzierte Begriffsliste zusammenstellen und semantisch strukturieren:** Begriffsstruktur erstellen (Beziehungen zwischen den Begriffen der reduzierten Begriffsliste klären), weiter reduzieren und die übergeordneten Zusammenhänge herausarbeiten.[59]

Zum Schluss dieses Abschnitts noch eine Anmerkung: Die Auswahl des Wesentlichen ist nicht ganz einfach. Manchmal wird dieser Effekt dadurch verstärkt, dass komplexe Darstellungen eine höhere Wertschätzung erfahren als weniger komplexe, ein Effekt der auch in Studien (→ Infotafel 9) aufscheint. So zeigt sich, dass „falsche" komplexe Erklärungen manchmal eher als plausibel eingeschätzt werden als „richtige", aber eben einfachere Erklärungen. Warum Menschen dazu tendieren, eine Art **„Respekt" vor hochkomplexen Darstellungen** zu entwickeln, kann nur vermutet werden: Vielleicht ist das Einfache an sich schon verdächtig, vielleicht erfolgt auch eine Bedeutungszuschreibung vom Erklärungsmuster auf die Person: Komplexe Erklärungsmuster werden interessanten, schillernden Persönlichkeiten zugeschrieben.

Infotafel 9: Das Bavelas-Experiment – „The more complicated, the better"

„Alex BAVELAS, Professor an der Stanford University, hat in einer Studie jeweils zwei Probanden mit Bildern von menschlichen Gewebezellen konfrontiert. Ohne über medizinische Vorkenntnisse zu verfügen, sollten sie durch Versuch und Irrtum die gesunden von den kranken Zellen zu differenzieren lernen. Sie bekamen als Feedback stets mitgeteilt, ob ihre Diagnose richtig oder falsch war. Aufgrund dieses Feedbacks entwickelten sie mit der Zeit ein Modell darüber, wie kranke von gesunden Zellen zu unterscheiden sind. Die Versuchsdurchführung enthält aber eine Tücke. Nur einer der Probanden (A) erhält nämlich korrektes Feedback. A muss also lediglich die nicht allzu schwierige Unterscheidung beider Zelltypen erlernen; die meisten Versuchsteilnehmer schaffen dies mit einer Erfolgswahrscheinlichkeit von rund 80 %. Die Situation des anderen Probanden (B) ist hingegen ganz anders, und weder er selbst noch A wissen davon. Sein Feedback beruht nicht auf seinen eigenen Diagnosen, sondern auf denen von Proband A. Er bekommt die Antwort richtig bzw. falsch, wenn A mit seiner Diagnose richtig bzw. nicht richtig lag. (…) A und B werden anschließend gebeten, sich über Grundsätze für eine unterscheidende Diagnose zu unterhalten. Die Grundsätze von A sind in der Regel einfach und recht konkret, die Grundsätze von B sind in der Regel außerordentlich subtil und ziemlich komplex. B musste sich sein (falsches) Modell aufgrund spärlicher, indirekter Information konstruieren. Interessant ist nun, dass A das Modell von B nicht einfach als abstrus ablehnt, sondern im Gegenteil von der Detailtiefe und Brillanz des komplizierten Modells beeindruckt ist („Mir muss da wohl etwas entgangen sein") und annimmt, dass sein eigenes Modell aufgrund seiner Einfachheit und Banalität dem von B unterlegen ist. Alle Versuchspersonen B und die überwiegende Mehrheit der Versuchspersonen A halten das kompliziertere, aber falsche Modell für überlegen."[60]

3.4 Exkurs: Lesen und Behalten (mit Buch und Internet)

„Vor dem Lesen: das Lesen vorbereiten. (…) Während des Lesens: gezielt lesen. (…) Nach dem Lesen: das Gelesene nachbearbeiten und wiederholen."[61] Diese von Christoph METZGER formulierte einfache Grundstruktur gilt für unterschiedliche Zielstellungen beim Lesen. Sie findet sich auch in der sogenannten **PQ4R-Technik**[62], die zwischenzeitlich auch empirisch gut bewährt ist. Sie soll hier als Basis für Hinweise zum prüfungsbezogenen Lesen dienen. Die PQ4R-Technik unterscheidet sechs Phasen, die es dann für Prüfungszwecke noch zu adaptieren gilt:

▸ **Preview** = Vorausschau: Text überfliegen, sich orientieren, Überblick gewinnen
▸ **Question** = Fragen: einfache Fragen zum Text formulieren
▸ **Read** = Lesen: lesen, Fragen beantworten, markieren
▸ **Reflect** = Nachdenken: verknüpfen, assoziieren, Beispiele bilden
▸ **Recite** = Wiedergeben: Inhalt wiedergeben, Fragen erneut beantworten
▸ **Review** = Rückblick: zusammenfassen, resümieren, die wichtigsten Gesichtspunkte erinnern.

Die ersten beiden Schritte **„Preview" und „Question"** hängen eng miteinander zusammen. Zunächst geht es in der ersten Phase darum, sich einen Überblick zu verschaffen und herauszufinden, welche Textstellen, Abschnitte oder Kapitel möglicherweise von besonderer Bedeutung für das angestrebte Leseziel sind. Gleichzeitig bildet dieses Überblickslesen die Grundlage für die anschließend in der zweiten Phase zu formulierenden Fragen an den Text. „Question" fordert dazu auf, Fragen an den Text zu richten, die es dann im Weiteren zu beantworten gilt. Um möglichst viel aus dem Text „herauszuziehen", ist es sinnvoll, eine fordernde Haltung zu entwickeln: Das will ich wissen! Gezieltes und fragendes Lesen erhöht den Lernerfolg.

Tatsächlich ist es so, dass Textpassagen besser behalten werden, wenn sie mit einer fragenden Grundhaltung gelesen werden. Ein Text wird in diesem Fall nicht nur „einfach so" gelesen, sondern jeder Textteil ist eine mögliche Antwort auf eine vorher gestellte Frage. Die Fragen erfüllen quasi die Funktion einer speziellen Brille, mit der Sie den Text lesen. Als Leser muss man – durch die Fragen angeregt – permanent Entscheidungen treffen: Ist das eine mögliche Antwort auf eine der Fragen – oder nicht? Dieses Mehr an gedanklicher Aktivität kommt aber nicht nur den als mögliche Antworten identifizierten Textpassagen zugute, sondern – wenn auch wahrscheinlich mit einer geringeren Intensität – den anderen Textteilen. Dies konnte auch in Studien gezeigt werden: Das Textverständnis erhöht sich, wenn der Text unter Berücksichtigung spezifischer Fragestellungen gelesen wird. Teilweise wurden doppelt so viele korrekte Antworten im Vergleich zum Textlesen ohne spezifische Fragen festgestellt.[63]

Zitat 9: Verena STEINER – Grenzen bloßen Lesens (2013)

„Nach meinen Beobachtungen gehen viele Lernerinnen und Lerner von falschen Annahmen aus: Sie meinen, wenn man eine Seite im Lehrbuch bloß konzentriert genug lese oder wenn man etwas verstanden habe, werde es automatisch auch gespeichert."[64]

Die nächsten beiden Schritte **„Read" und „Reflect"** können ebenfalls zusammen vorgestellt und erläutert werden. Durch die Fragen angeregt, ist das Lesen nun eines im Sinne einer „tiefen Verarbeitung"; im Idealfall wird gründlich gelesen und verstehend rezipiert. Dabei kann die gedankliche Verarbeitung nicht nur dadurch befördert werden, dass Fragen beantwortet werden, sondern auch, indem bestimmte Hervorhebungstechniken angewendet werden. Im einfachen Fall werden Unterstreichungen von Schlüsselwörtern vorgenommen, wobei das Ziel darin besteht, mit einem Minimum an Unterstreichungen ein Maximum an wichtigen Inhalten zu kennzeichnen (→ Abb. 28). Im komplexeren Fall erfolgt ein verarbeitungsintensives Textstudium durch das Anfertigen von Notizen wie beispielsweise Anmerkungen, Fragen, Einwänden und Ergänzungen (→ Abb. 29 und 30). Das Vorgehen hängt hierbei vom Umfang des Textes ab: Bei einem längeren Text ist es sicherlich angeraten, mit Unterstreichungen und tendenziell weniger Notizen zu arbeiten. Ein kürzerer Text bietet aber durchaus die Möglichkeit eines verarbeitungsintensiveren Lesens.

Gerade bei anspruchsvolleren Texten zeigt sich, dass „Read" und „Reflect" eng zusammenhängen. Hier ist das Lesen – und damit die Aneignung der Inhalte – eine Art Übersetzung. Solche Transformationsleistungen helfen dabei, das Gelesene nachzuvollziehen und den Stoff zu verarbeiten. Dabei werden die neuen Inhalte mit dem bisherigen Wissen verknüpft und Bezüge zu anderen Wissensbereichen und Texten hergestellt. Dabei kann auch die Selbstbefragung helfen: Was bedeuten die Textaussagen für mich? Wie fügen sie sich in mein Wissen und meine Praxis ein? Teilweise werden Textaussagen auch bewertet und kritisiert, falls erforderlich auch umstrukturiert oder korrigiert.

Expertise in der Gesellschaft:
Ideen als Rohstoff des 21. Jahrhunderts

Mehl, Eier, Zucker und Salz sind überall verfügbar – auf das Rezept kommt es an. Die Zutaten für eine Mehlspeise sind vergleichsweise preiswert, der Wert eines Gerichts entsteht durch die raffinierte Komposition. Auf welche Weise die Zutaten für eine Mahlzeit ausgewählt, komponiert und verkauft werden, entscheidet über deren wahrgenommene Qualität. In der „idea driven economy" wird Wissen entwickelt und genutzt, und die Aufgabe der lehrenden Experten ist es, Teile dieses Wissens zu transportieren.
Die Bestände an Sonderwissen nehmen seit Jahrzehnten exponenziell zu und lösen sich vom Bestand an Allgemeinwissen immer stärker ab. Es entstehen exklusive Wissensbestände und privilegierte Informationszugänge, die von Experten bewirtschaftet werden. Der gesellschaftliche Wissensvorat wird immer stärker ausdifferenziert, und es ergibt sich stärker als jemals zuvor die Notwendigkeit, das eigene Handeln durch Expertenwissen abzusichern.

Peter Weingart beschreibt, wie „das Prinzip der Forschung, des hypothetischen und experimentellen, lernenden Umgangs mit Information in der Gesellschaft zum allgemeinen Handlungsmodus" wird. Ständig entwickeln wir Ideen, diskutieren und prüfen sie, um sie dann in die Tat umzusetzen oder zu verwerfen. Der Umgang mit alten und neuen Ideen, inbesondere im eigenen Fachgebiet, wird zur Selbstverständlichkeit.
Der Aufbau exklusiver Wissensbestände führt in der Nebenwirkung dazu, dass die eigene Teilhabe am sozialen Wissensvorrat geringer wird. Diese Teilhabe ist auch nur in eigenschränktem Maß erfoderlich: Es genügt, „dass jedes Gesellschaftsmitglied weiß, wer über welches Wissen zur Lösung welcher speziellen Probleme verfügt bzw. genauer: an welche Rollenträger das zur Lösung spezieller Probleme relevante Wissen routinemäßig vermittelt wird. Dieses Wissen über die gesellschaftlich differenzierte Wissensverteilung ist Bestandteil des Allgemeinwissens, nicht aber der Inhalt der jeweiligen differenzierten Bereiche des gesellschaftlichen Wissensvorrates."

Abbildung 28: Hervorhebungstechnik 1 – Unterstreichungen von Schlüsselwörtern

Expertise in der Gesellschaft:
Ideen als Rohstoff des 21. Jahrhunderts

Mehl, Eier, Zucker und Salz sind überall verfügbar – auf das Rezept kommt es an. Die Zutaten für eine Mehlspeise sind vergleichsweise preiswert, der Wert eines Gerichts entsteht durch die raffinierte Komposition. Auf welche Weise die Zutaten für eine Mahlzeit ausgewählt, komponiert und verkauft werden, entscheidet über deren wahrgenommene Qualität. In der „idea driven economy" wird Wissen entwickelt und genutzt, und die Aufgabe der lehrenden Experten ist es, Teile dieses Wissens zu transportieren.
Die Bestände an Sonderwissen nehmen seit Jahrzehnten exponenziell zu und lösen sich vom Bestand an Allgemeinwissen immer stärker ab. Es entstehen exklusive Wissensbestände und privilegierte Informationszugänge, die von Experten bewirtschaftet werden. Der gesellschaftliche Wissensvorat wird immer stärker ausdifferenziert, und es ergibt sich stärker als jemals zuvor die Notwendigkeit, das eigene Handeln durch Expertenwissen abzusichern.

Peter Weingart beschreibt, wie „das Prinzip der Forschung, des hypothetischen und experimentellen, lernenden Umgangs mit Information in der Gesellschaft zum allgemeinen Handlungsmodus" wird. Ständig entwickeln wir Ideen, diskutieren und prüfen sie, um sie dann in die Tat umzusetzen oder zu verwerfen. Der Umgang mit alten und neuen Ideen, inbesondere im eigenen Fachgebiet, wird zur Selbstverständlichkeit.
Der Aufbau exklusiver Wissensbestände führt in der Nebenwirkung dazu, dass die eigene Teilhabe am sozialen Wissensvorrat geringer wird. Diese Teilhabe ist auch nur in eigenschränktem Maß erfoderlich: Es genügt, „dass jedes Gesellschaftsmitglied weiß, wer über welches Wissen zur Lösung welcher speziellen Probleme verfügt bzw. genauer: an welche Rollenträger das zur Lösung spezieller Probleme relevante Wissen routinemäßig vermittelt wird. Dieses Wissen über die gesellschaftlich differenzierte Wissensverteilung ist Bestandteil des Allgemeinwissens, nicht aber der Inhalt der jeweiligen differenzierten Bereiche des gesellschaftlichen Wissensvorrates."

Abbildung 29: Hervorhebungstechnik 2 – Text mit Textnetz[65]

Expertise in der Gesellschaft:
Ideen als Rohstoff des 21. Jahrhunderts

Mehl, Eier, Zucker und Salz sind überall verfügbar – auf das
Rezept kommt es an. Die Zutaten für eine Mehlspeise sind
vergleichsweise preiswert, der Wert eines Gerichts entsteht durch die raffinierte Komposition. Auf welche Weise
die Zutaten für eine Mahlzeit ausgewählt, komponiert und
verkauft werden, entscheidet über deren wahrgenommene
Qualität. In der „idea driven economy" wird Wissen entwickelt und genutzt, und die Aufgabe der lehrenden Experten
ist es, Teile dieses Wissens zu transportieren.
Die Bestände an Sonderwissen nehmen seit Jahrzehnten
exponenziell zu und lösen sich vom Bestand an Allgemeinwissen immer stärker ab. Es entstehen exklusive Wissensbestände und privilegierte Informationszugänge, die von
Experten bewirtschaftet werden. Der gesellschaftliche Wissensvorat wird immer stärker ausdifferenziert, und es ergibt
sich stärker als jemals zuvor die Notwendigkeit, das eigene
Handeln durch Expertenwissen abzusichern.

gutes Beispiel!!!

neuer Begriff?
➜ knowledge driven

Unterschied Spezialwissen?

Expertiseforschung!

Abbildung 30: Hervorhebungstechnik 3 – Text mit Markierungen und Randnotizen[66]

Zitat 10: Gerhard STEINER – Markieren (2007)

„Angesichts schwieriger Texte (mit viel neuer Begrifflichkeit und in nicht einfacher
sprachlicher Formulierung) ist schon das Markieren eine anspruchsvolle Aufgabe."[67]

Die letzten beiden Schritte **„Recite" und „Review"** fordern dazu auf, den Text-
inhalt in unterschiedlicher Granularität wiederzugeben. Während das „Recite"
durchaus breiter angelegt ist und auch dazu anhält, die (selbst) gestellten Fragen
erneut zu beantworten, geht es beim „Review" eher um einen konzentrierten
Rückblick, bei dem Sie Inhalte bündeln und zusammenfassen, gleichsam auch
die wichtigsten Gesichtspunkte noch einmal Revue passieren lassen. Sie können das Gelesene in Gedanken durchgehen, in eigenen Worten wiedergeben
oder aber eine schriftliche Form der Zusammenfassung, ein Exzerpt, erstellen.
Dabei lassen sich auch bildhafte Elemente wie beispielsweise eine Tabelle, ein
Schema oder eine Mind-Map hinzufügen.

Infotafel 10: Tilgen und Zusammenfassen

▸ 1. Schritt: Die redundanten, d. h. „überflüssigen" Informationen im Text bestimmen.

▸ 2. Schritt: Entscheiden, welche der redundanten Informationen zu tilgen sind.

▸ 3. Schritt: Mit den verbleibenden Informationen den Text zusammenfassen.[68]

Zusammenfassungen (→ Infotafel 10) sind in starkem Maße davon abhängig, welche Inhalte in welcher Form geprüft werden. Ist eine Prüfung stark auf Reproduktion von Fakten – also im Wesentlichen auf Auswendiglernen – ausgerichtet, dann muss man sich in der Regel mehr Details notieren, als wenn man verstehensorientiert geprüft wird. Aber auch Details können logische Verbindungen aufweisen, sodass sich die Inhalte über gute Rekonstruktionshilfen (→ Kap. 4.1–4.4) erschließen lassen. Natur- und ingenieurwissenschaftliche Disziplinen arbeiten in hohem Maße mit Formeln und Gesetzen, die zentrale Konzepte verdichten; von daher wird der Schreibaufwand hier möglicherweise geringer sein als bei geistes- oder sozialwissenschaftlichen Fächern. Aber auch in diesen Disziplinen kann verständnisorientiert gelernt werden, beispielsweise indem Strukturhilfen für das Aufzeigen von Zusammenhängen und Querverbindungen genutzt werden. Fast überflüssig zu sagen: Je umfangreicher die Lernunterlagen, desto konzentrierter wird die Zusammenfassung in der Regel sein.

Zitat 11: Gerhard STEINER – Lernen aus Text (2007)

„Bei einem Lernen aus (umfangreichem) Text – von welcher Art er auch immer ist – geht es in jedem Fall um das Verstehen, das Elaborieren und das Reduzieren der Textinformation und um das Organisieren der selektionierten Textelemente zu neuen begrifflichen Ganzheiten, aus denen schließlich die Zielstruktur (z. B. das entsprechende mentale Modell) resultiert."[69]

Die **PQ4R-Technik** umfasst im Grunde genommen **drei Blöcke:**

1. **Preview & Question** = Vorausschau & Fragen: Text überfliegen, sich orientieren, Überblick gewinnen; einfache Fragen zum Text formulieren;

2. **Read & Reflect** = Lesen & Nachdenken: lesen, markieren, Notizen anfertigen, Fragen beantworten, verknüpfen, assoziieren, Beispiele bilden;

3. **Recite & Review** = Wiedergeben & Rückblicken: Inhalt wiedergeben, Fragen erneut beantworten, zusammenfassen, wichtigste Aspekte benennen.

Diese Art der Verdichtung ist sicher sinnvoll, weil wohl selten jemand ein sechs-schrittiges Verfahren dezidiert abarbeitet, ohne die Schrittfolge bewusst zu beachten. Zudem ist die PQ4R-Technik in dieser geblockten Form vergleichsweise leichter merk- bzw. abrufbar. In Bezug auf Prüfungen ist noch eine Erweiterung dieser Technik sinnvoll: die **Formulierung von Prüfungsfragen.** Diese lassen sich auf zweierlei Weise gewinnen: Im nunmehr ersten Schritt „Preview & Question" werden Fragen an den Text formuliert, die möglicherweise – falls sie nicht zu allgemein formuliert sind – bereits als Prüfungsfragen herhalten können. Der größere Teil der Prüfungsfragen wird dann aber im zweiten Schritt „Read & Reflect" gewonnen, wenn der Text auch mit Blick auf die Prüfung gelesen wird. Dabei können Sie mögliche Aufgaben bzw. Fragen entweder direkt aus dem Text ableiten oder aber eben mit Bezug zum Text selbst entwickeln. Auf diese Weise erhalten Sie einen Aufgaben- bzw. Fragenkatalog, den Sie beispielsweise auf Karteikarten – evtl. auch in elektronischer Form – notieren. Im dritten Schritt „Recite & Review" können Sie dann Ihr Wissen abrufen und die selbst gestellten Prüfungsfragen beantworten. Während Sie sich auf diese Weise intensiv mit dem Stoff auseinandersetzen – und ggf. eine kritische Distanz zu den Inhalten einnehmen –, können Sie auch weitere Aufgaben generieren und hinzufügen.
Einige Hinweise zur Intensivierung des Leseprozesses seien noch angefügt:

▸ Der vorgeschlagene drei- bzw. sechsstufige Leseprozess ist idealtypisch. In der Realität werden Sie den **Zyklus mehrere Male durchlaufen** und dabei immer präziser im Textverständnis, der Beantwortung der Fragen und dem Aufstellen möglicher Aufgaben werden. Manches Mal werden Sie auch eine Stufe zurückgehen, um sich über den Inhalt zu vergewissern. Sie arbeiten sich sozusagen in den Text hinein, und von Mal zu Mal wird das Verständnis tiefer, und die Zusammenhänge werden offensichtlicher.

▸ Eine spezielle Art des Überblickslesens besteht darin, **von jedem Absatz den ersten Satz** oder die ersten beiden Sätze zu lesen.

▸ Fragen lassen sich auch aufstellen, indem Sie die **Überschriften der Kapitel bzw. Abschnitte als Fragen** formulieren.

▸ Bei wichtigen Textstellen kann es hilfreich sein, wenn Sie **versuchen, laut zu denken** und dabei Ihre Überlegungen zu versprachlichen. Auf diese Weise erklären Sie sich die Inhalte selbst und merken sofort, was leicht geht und wo Sie noch nacharbeiten müssen.

▸ Eine hilfreiche Grundhaltung ist es, den Text so zu lesen, **als müssten Sie ihn hinterher jemand anderem erzählen.** „Der junge Jean Paul war sich beim Lesen scheinbar ständig bewusst, dass er am Abend von den drei Erwachsenen gefragt werden würde, was er gelesen und verstanden habe. So war er laufend gezwungen, sich das Gelesene zurechtzulegen und sich klar geordnete Vorstellungen zu machen.“[70]

So wie es hilfreiche Haltungen bzw. Techniken beim Lesen gibt, gibt es natürlich auch Stolpersteine beim Lesen bzw. Lese-Irrtümer:

▸ Auch beim Lesen kann man der **Verstehensillusion** erliegen: Gerade wenn man einen Text bereits mehrfach gelesen hat – mit ihm also zumindest oberflächlich vertraut ist –, kann man der Illusion verfallen, das Gelesene nun auch verfügbar und abrufbar zu haben. Hier hilft die Probe aufs Exempel: Was können Sie wirklich schon benennen, erklären und erfolgreich bearbeiten?

▸ Auf eine spezifische Form oberflächlicher Verarbeitung beim Lesen weist Gerd MIETZEL hin: „Wenn man Schüler oder Studierende auffordert, einen Text **‚langsam und sorgfältig‘** zu lesen, muss mit einer oberflächlichen Verarbeitung gerechnet werden.“[71] Dies liegt wohl daran, dass die Konzentration auf die korrekte Wiedergabe und Artikulation der einzelnen Wörter von den Inhalten ablenkt. Dies ist eine Sonderform des „Split-Attention“-Effekts (→ Kap. 2.1).

▸ Einen Roman liest man in der vorgegebenen Reihenfolge, also „eins nach dem anderen“ bzw. **linear**. Ein Fachbuch hingegen muss man eher hierarchisch angehen, um die vielfältigen Bezüge, Zusammenhänge und Ordnungen zu erfassen.

Vieles von dem, was für das Lesen von Büchern gilt, lässt sich auf das Lesen von webbasierten **Hypertexten** übertragen. Doch bevor diese Überlegungen vorgestellt werden, sind einige Hinweise bezüglich der Besonderheiten von Hypertexten und audiovisuellen Informationsangeboten angeraten:

▸ Häufig wird vermutet, dass die netzwerkartige Darstellung von Informationen in Hypertexten einen Lernvorteil an sich darstellt, wobei dann oft mit dem ebenfalls netzwerkartigen Aufbau der Wissensrepräsentationen im Gedächtnis argumentiert wird. Doch die Annahme, dass diese Vernetzungen für das Lernen grundsätzlich förderlich seien, lässt sich empirisch nicht bestätigen.[72] Zudem scheint es so zu sein, dass die angebotenen Verzweigungen qua Hyperlink zu einer erheblichen Desorientierung der Lernenden führen können. Man spricht hier auch vom **„Lost-in-Hyperspace“-Phänomen**.[73]

▸ Vergleicht man das Lernen aus Hypertext mit dem Lernen aus einem gut aufbereiteten traditionellen Text – beispielsweise einem Lehrbuch –, dann stellt sich heraus, dass das **Lernen aus herkömmlichen, in Papierform vorliegenden Texten dem Lernen aus Hypertext in der Regel überlegen ist** – und zwar sowohl im Verständnis als auch hinsichtlich der vorliegenden Fakten und Konzepte. „Bei geringem Vorwissen schneiden Lernende mit Hypertext sogar erheblich schlechter ab als Lernende eines gegliederten Lehrbuchtextes."[74]

Obgleich die Erwartungen hinsichtlich der Wirkungen von netzwerkartigen Hyperlink-Darstellungen in der Regel überschätzt werden, können sie doch – sinnvoll eingesetzt – das Lernen punktuell gut unterstützen. Dazu muss man wissen, dass die genannten Schwierigkeiten insbesondere bei solchen Lernenden auftreten, die entweder über eine (a) geringe Erfahrung im Umgang mit computerbasierten Medien oder (b) ein nur schwach ausgeprägtes thematisches Vorwissen verfügen.[75] In der heutigen Zeit sind Studierende Internet-sozialisiert, sodass eine diesbezügliche Erfahrung bzw. Kompetenz vorausgesetzt werden darf. Damit wird das Vorwissen zur relevanten Größe beim Lernen im und mit dem Internet. Wer bereits über fachliche Vorkenntnisse verfügt, kann sich generell besser im Internet und speziell besser in Hypertexten orientieren. Demzufolge kann es eine grobe Empfehlung sein, **zunächst stärker auf die traditionelle Textform zurückzugreifen und dann sukzessive auch die webbasierten Hypertexte in das Lernen einzubeziehen.**

Hinsichtlich des Umgangs mit audiovisuellen Informations- und Lernangeboten sei ebenfalls darauf hingewiesen, dass die Erwartungen an diese mediale Form häufig die Effekte deutlich übertreffen:

▶ **„Text-Bild-Schere":** Bereits 1975 hat Bernhard WEMBER in einer Studie über Informationssendungen im Fernsehen („Wie informiert das Fernsehen?") zeigen können, dass die Einschätzungen der Lerneffekte von fachlich-informativen Sendeangeboten durch Fernsehkonsumenten nicht mit dem im Anschluss an die Sendungen abgefragten Verständnis bzw. der erworbenen Sachkenntnis zusammengehen. Zwar wurden die Sendungen tendenziell als „sehr informativ" eingeschätzt, doch waren die gemessenen Lerneffekte eher bescheiden. Der Begriff „Text-Bild-Schere" bezeichnet hierbei das häufig festzustellende inhaltliche Auseinanderklaffen von gezeigten Bildern und gesprochenen Worten.[76]

▶ **Lernen aus Texten vs. Lehrfilme:** Ähnliche Effekte werden in Studien berichtet, die das Lernen über Lehrfilme mit dem Lernen aus Texten vergleichen. Zwar empfand die Fernsehgruppe ihr Lernen als deutlich leichter als die Textgruppe, doch schnitt die Lesegruppe im anschließenden Test deutlich besser ab. Dies scheint auch ein Hinweis darauf zu sein, dass die Lernleistung vom kognitiven Aufwand, der sich in der gefühlten Lernanstrengung niederschlägt, abhängig ist.[77]

Lesen und Behalten (mit Buch und Internet) – so darf man zusammenfassend feststellen – werden gelingen, wenn Sie den eingangs erwähnten Hinweise folgen: Vor dem Lesen: das Lesen vorbereiten. – Während des Lesens: gezielt lesen. – Nach dem Lesen: das Gelesene nachbearbeiten und wiederholen. Diese Hinweise gelten sowohl für das traditionelle Printbuch wie für Texte in elektronischer Form. Als Grundregel sei noch hinzugefügt: Je weniger Sie von einer naiven Abbildwirkung ausgehen und je mehr Sie auf das **Selbsterschließen von Texten** setzen, desto höher wird in der Regel auch Ihr Behaltenserfolg sein.

4 Prüfungsinhalte (gut abrufbar) aufbereiten

Inhalt

Zusammenfassung

Abrufhilfen (4.1) organisieren den Stoff in einer gut erinnerbaren und vor allem gut abrufbaren Form. Gut abrufbar bedeutet, den Stoff so aufzubereiten und zu organisieren, dass man sich nicht alle Einzelheiten separat merken muss, sondern die Inhalte über Schlüsselbegriffe, Organisationshilfen und „verdichtete" Konzepte möglichst schnell verfügbar hat. Abrufhilfen gibt es in verschiedenen Ausprägungen: Strukturen (4.2), Situationen und Fälle (4.3) sowie Bilder, Geschichten, Metaphern und Analogien (4.4). Zwei beispielhafte Umsetzungen illustrieren die Funktion von Abrufhilfen: Das Wiener Kaffee-ABC (4.5) und die 16 Bundesländer (4.6).

4.1 Weniger-ist-mehr: Das „Verdichten" und die Abrufhilfen

Horst SPEICHERT stellt in seinem Buch „Kopfspiele" die Memorier-Mühle vor, ein Gedächtnisspiel, bei dem die Mitspieler in zehn Minuten so viele Begriffe wie möglich auswendig lernen sollen. Die Spielleitung teilt jeweils 48 Karten mit den zu lernenden Tier- und Pflanzenbegriffen aus. Nach Ablauf der Merkzeit notieren die Mitspieler die erinnerten Begriffe. Der Clou bei dem Spiel: Es werden zwei Gruppen gebildet. Auf den Karten von Gruppe A steht nur der jeweilige Begriff, auf den Karten von Gruppe B zusätzlich zu dem Begriff eine entsprechende Kategorie. So findet sich beispielsweise bei Gruppe B auf der Karte mit dem Begriff Löwe auch die Kategorie „Säugetiere" vermerkt (→ Abb. 31).[78]

Sie ahnen es schon: Gruppe B schneidet im Durchschnitt deutlich besser ab als Gruppe A. Woran liegt das? Nun, dass der Löwe ein Säugetier ist, war auch den Mitgliedern von Gruppe A bekannt, allerdings scheint der Gruppe dieses Wissen wenig genutzt zu haben. Anders bei Gruppe B: Hier scheinen die verschiedenen Kategorien das Erinnern unterstützt zu haben. Wenn einem der Begriff Löwe einfällt, dann ist damit fast automatisch die Frage verbunden: „Und welche Säugetiere gibt es noch?" Ein Antwort könnte lauten: „Das Nashorn war dabei, die Giraffe auch. Der Tiger? Nein, der war nicht dabei." Die Kategorie hilft den Lernenden offensichtlich dabei, die einzelnen Begriffe zu erinnern bzw. abzurufen. Deshalb spricht man in diesem Fall auch von Abrufhilfen.

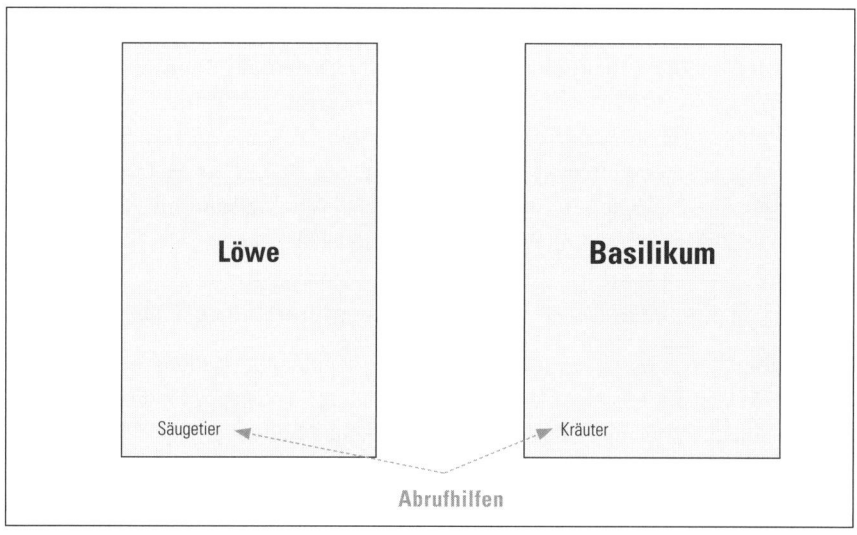

Abbildung 31: Abrufhilfen

Wenn Sie sich für eine Prüfung gut vorbereiten wollen, besteht eine der zentralen Herausforderungen darin, den Prüfungsstoff in eine **gut erinnerbare und vor allem gut abrufbare Form** zu bringen. Dies gilt insbesondere dann, wenn Sie es mit besonders großen Stoffmengen zu tun haben. Gut abrufbar bedeutet in diesem Fall, den Stoff so aufzubereiten und zu organisieren, dass Sie sich nicht alle Einzelheiten separat merken müssen, sondern die Inhalte über Schlüsselbegriffe, Organisationshilfen und „verdichtete" Konzepte schnell verfügbar haben. Abrufhilfen machen das Lernen im besten Fall effektiver, als wenn Sie sich viele Details separat merken müssen. Derartige Abrufhilfen gibt es in verschiedenen Ausprägungen:

▸ **Strukturen:** Hier geht es insbesondere darum, die Inhalte nach ihrer Bedeutung zu organisieren. Je nachdem, wie die inhaltlichen Bezüge ausgeprägt sind, bereiten Sie den Stoff hierarchisch (Beispiel: Zählregeln beim Tennis), kategorial (Beispiel: Klassen von Säugetieren) oder prozessual (Beispiel: Phasen des Projektmanagements) auf.

▸ **Situationen:** Die Inhalte werden in diesem Fall ebenfalls nach ihrer Bedeutung organisiert, allerdings nicht in einer fachsystematischen, sondern in einer handlungspraktischen Ordnung. Beispiele: Typische Situationen in der morgendlichen Pflege (Pflegewissenschaft), typische Situationen in der Mitarbeiterführung (Human Resources Management), typische Fälle im Zivilprozessrecht (Jura/Jus; → Abb. 42).

▸ **Bilder, Geschichten, Metaphern, Analogien:** Diese analogen Abrufhilfen verdichten die Inhalte teilweise über ihre Bedeutung, teilweise über gut merkbare Konstrukte, die nicht immer direkt mit den Prüfungsinhalten zu tun haben. Beispiele: die Geschichte von den 18 Kamelen als Merkhilfe für den Katalysator (Chemie; → Infotafel 13), der Bastler als Metapher für die Evolution (Biologie; → Infotafel 14), der Wasserkreislauf als Analogie für den elektrischen Strom (Physik; → Infotafel 17).

Zitat 12: Wolfgang WIDULLE – Gute Informationsverarbeitung (2009)

„Gute Behaltensleistungen sind ein Nebenprodukt guter Informationsverarbeitung. Schlechtes Erinnern hat also weniger mit der begrenzten Kapazität des Gedächtnisses zu tun als mit ungünstigen Verarbeitungs- und Abrufstrategien."[79]

Abrufhilfen haben die Aufgabe, Ihnen über Hinweisreize den Zugang zur eigentlichen Information zu ermöglichen. Im besten Fall helfen Ihnen Abrufhilfen dabei, die gesuchten Informationsteile zu rekonstruieren; von daher wäre der Begriff Rekonstruktionshilfe auch zutreffend, wiewohl er etwas umständlich daherkommt. Abrufhilfen lassen sich danach unterscheiden, inwieweit sie auf die Bedeutung des Lerngegenstands eingehen:

▸ **Nicht semantische (bedeutungsmäßige) Abrufhilfen:** Die Saiten einer Gitarre kann man sich mithilfe des Satzes „Eine Alte Dumme Gans Hat Eier" merken, den Quintenzirkel mit dem Merksatz „Geh Du Alter Esel Hole FISch" (C G D A E H Fis). In diesem Fall sind die Hinweisreize ausschließlich assoziativer Art; weder haben die Gitarrensaiten etwas mit einer Gans, noch der Quintenzirkel etwas mit einem Esel zu tun.

▸ **Semantische Abrufhilfen:** Die Edelgase Helium, Neon, Argon, Krypton,

Xenon usw. bilden die 8. Hauptgruppe des Periodensystems der Elemente. Mit einem Wissen über die vollständig gefüllten Elektronenschalen, die sogenannte Edelgaskonfiguration, lässt sich die Reaktionsträgheit der Edelgase rekonstruieren und erklären. – Wer sich eine Vielzahl von Tierbegriffen merken muss, der kann diese über die entsprechenden Kategorien, z. B. Säugetiere, rekonstruieren und erinnern.

Aus Sicht der Forschung gibt es zwei Theorien, die die Kategorienbildung zu beschreiben bzw. zu erklären versuchen. Nach der sogenannten **Prototypentheorie** speichert man für jedes Konzept bzw. jede Kategorie einen besonders typischen Vertreter, mit dem man dann zu kategorisierende Objekte vergleicht. Nach der sogenannten **Exemplartheorie** werden Erinnerungen an die verschiedenen Exemplare einer Kategorie gespeichert und dann mit den zu kategorisierenden Objekten verglichen. „Die Daten stützen zum größten Teil die Exemplartheorie: Menschen scheinen die Objekte, denen sie begegnen, zu kategorisieren, indem sie sie mit vielfachen Repräsentationen im Gedächtnis vergleichen."[80]

Zitat 13: Gerhard STEINER – Verdichten (2007)

„Das Verdichten größerer Bedeutungseinheiten zu ganz wenigen oder sogar zu nur einem einzigen Stichwort muss eigens gelernt und geübt werden."[81]

Die Funktion von Abrufhilfen kann man sich auch gut anhand von Expertenwissen vergegenwärtigen. Expertenwissen ist **„verdichtet"**, damit ein erfolgreiches Handeln in Bruchteilen von Sekunden möglich wird. Das vielfältige Wissen zu einer bestimmten Situation wird sozusagen **„en bloc" abgerufen.** Dies bedeutet, dass viele Informationen so untereinander verknüpft werden, dass sie letztendlich nur noch eine einzige Informationseinheit darstellen (→ Infotafel 32).[82] Am Beispiel von Medizinern lässt sich dies nachvollziehen: Im Studium erwerben Studierende der Medizin ein umfangreiches faktisches Wissen, das man durchaus auch als „Lehrbuchwissen" bezeichnen darf. Mit zunehmender beruflicher Praxis sammeln die angehenden Mediziner nun Erfahrung im direkten Kontakt mit Patienten. Während anfänglich noch detaillierte Kausalketten entwickelt werden, um Symptome zu erklären, finden sie durch die wiederholte Praxis nun Abkürzungen und erkennen für bekannte Krankheiten rascher die typischen Symptome. Sie bilden also prototypische Krankheitsbilder, die direkte Hinweise über charakteristische Symptome geben. Detaillierte Erklä-

rungen über mögliche Ursachen der Symptome werden in dieser Phase nicht
mehr entwickelt. Gleichzeitig werden viele Handlungsabläufe automatisiert.

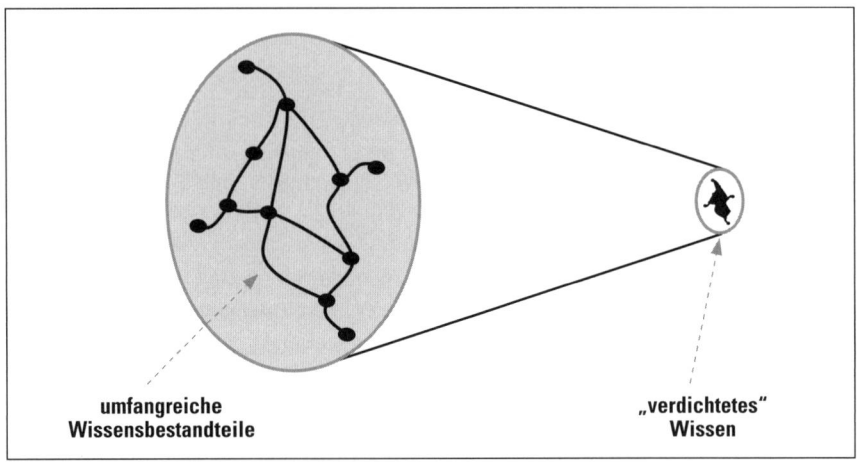

umfangreiche   **„verdichtetes"**
Wissensbestandteile   **Wissen**

Abbildung 32: „Verdichtetes" Wissen[83]

Abrufhilfen werden also genutzt, um ein mehr oder minder umfangreiches
Wissen gut erinnerbar bzw. rekonstruierbar zu machen. Sie sind – um mit Gerhard STEINER zu sprechen – „Etiketten von Verdichtungen" (→ Zitat 14). Wenn
es gelingt, wichtige Lern- und Prüfungsinhalte in eine gut abrufbare Form zu
überführen, dann erleichtert dies das Lernen in erheblichem Maße. Aus diesem
Grunde werden in den folgenden drei Kapiteln diverse Möglichkeiten vorgestellt, um den Lern- bzw. Prüfungsstoff sinnvoll und gut erinnerbar zu organisieren.

Zitat 14: Gerhard STEINER – Organisieren (2007)

„Organisieren ist einer der wichtigsten Prozesse beim Lernen, vor allem beim Lernen aus Text. Organisieren ist ein Zusammenfassen nach bestimmten sachimma-
nenten Gesichtspunkten, das zu einer kleineren Anzahl von Informationspaketen
(engl. chunks) führt und daher weniger Gedächtniskapazität in Anspruch nimmt.
Was eingeprägt wird, ist dann eine kleine Anzahl von Stichwörtern, die als Etiketten von Verdichtungen später einen Rekonstruktionsprozess erlauben."[84]

4.2   Abrufhilfen 1: Strukturen

Zitat 15: Martin SCHUSTER – Speicherformat (2001)

„Es ist so, als wolle man Christbaumkugeln in einem Regal speichern (= Lernen). Es hilft nicht, sie immer wieder vorsichtig zu stapeln: sie rollen zu Boden. Man muss sie erst in viereckige Pappschachteln tun (= umwandeln in ein lernbares, speicherbares Format). Vorher waren sie nicht zu speichern, dann ist es aber ganz leicht."[85]

Es gibt vielfache Belege dafür, dass Abrufhilfen sehr leistungsfähig sind. Häufig werden (im Vergleich zu Experimentalsituationen ohne Abrufhilfen) doppelt so viele oder noch mehr Objekte erinnert (→ Infotafel 11). Die Wirkung der Abrufhilfen beruht dabei auf dem Umstand, **dass die verdichteten Elemente (z. B. Kategorien) gleichsam neue, das Gedächtnis weniger belastende Objekte sind.** Im Unterschied zu den rein assoziativen Abrufhilfen – beispielsweise einem Reim oder einem Merkbild – haben Abrufschemata den Vorzug, dass sie auch über eine bedeutungsmäßige, das heißt semantische Codierung erfolgen und damit die Integration des zu lernenden Stoffes in ein sich (weiter-) entwickelndes semantisches Netzwerk befördern. Auch hier gibt es empirisch gestützte Hinweise, dass die Erarbeitung von strukturierten Darstellungen zu besseren Lernerfolgen führt als etwa das Paraphrasieren oder das Generieren bildlicher Vorstellungen.[86] Abrufschemata gibt es als strukturierte Zusammenfassungen, schematische Diagramme und Baumstrukturen.

Infotafel 11: Wirkung von hierarchischen Abrufschemata

Gordon BOWER und Mitarbeiter wiesen die beeindruckende Effektivität eines hierarchischen Abrufschemas in einem inzwischen als klassisch geltenden Experiment im Jahr 1969 nach. Studierende erhielten darin den Auftrag, sich 112 nach Zufallsprinzipien zusammengestellte Begriffe zu merken; die folgenden Begriffe stellen eine Auswahl dar:

Platin	Kalkstein	Smaragd	Messing	Blei
Schiefer	Aluminium	Silber	Granit	Rubin
Marmor	Stahl	Bronze	Kupfer	
Gold	Eisen	Saphir	Diamant	

Die Experimentalgruppe erhielt die Begriffe in der hierarchischen Anordnung dargeboten (→ Abb. 33), die Kontrollgruppe hingegen bunt gemischt auf vier Tafeln.

Die Erinnerungsleistung der Experimentalgruppe fiel auf Anhieb nahezu spektakulär aus; die Probanden erinnerten nach der ersten Übungsphase (von etwa vier Minuten Dauer) im Mittel 73 Wörter, die Kontrollgruppe (ungeordnete Wörter) dagegen nur 21. Nach vier Durchgängen behielten die Versuchspersonen sogar alle 112 Begriffe, die Kontrollgruppe immerhin 70 Begriffe.[87]

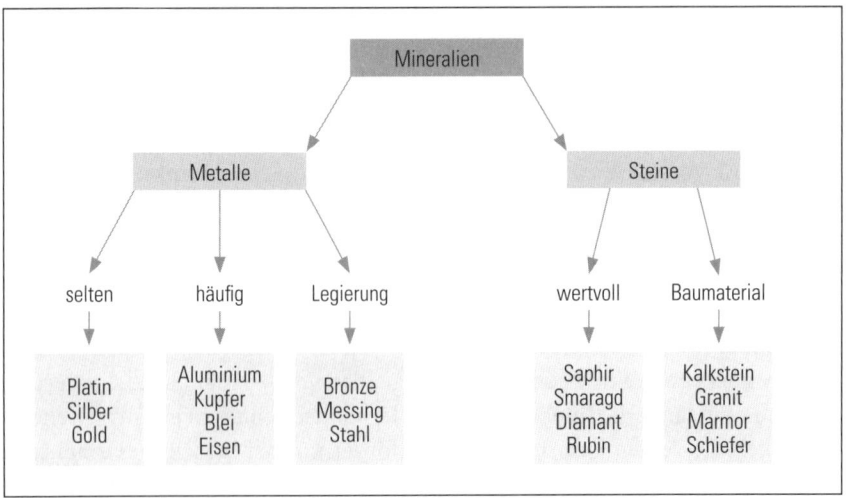

Abbildung 33: Hierarchische Organisation von Begriffen in einem klassischen Gedächtnisexperiment[88]

Indem man den Prüfungsstoff strukturiert, bringt man ihn in eine fachlich stimmige und dadurch auch gut speicher- bzw. abrufbare Form. Je klarer und nachvollziehbarer die **Struktur,** desto besser der spätere Zugriff auf dieses Wissen. Dies ist auch der Grund, warum Mind-Maps und ähnliche Formen der Darstellung nur begrenzt geeignet sind, den Prüfungsstoff abzubilden. Mind-Maps sind allesamt ähnlich aufgebaut – die Baum-Äste-Zweige-Struktur – und entsprechen damit nur teilweise den fachlichen Gegebenheiten. Natürlich ließen sich die Begriffe in Abb. 33 auch als Mind-Map darstellen, doch möglicherweise verlöre die Darstellung dadurch an Klarheit. Gerade aber bei noch komplexeren Sachverhalten, die nicht nur hierarchische, sondern beispielsweise auch Kettenstrukturen aufweisen, sind die Mind-Map-artigen Darstellungen häufig eher verwirrend. Alain LIEURY spricht sogar von einer „simple(n) Marketingverpackung für sehr komplizierte, informationsüberladene Diagramme"[89].

Strukturen gibt es in unterschiedlichen Erscheinungsformen, wobei die einzelnen Gestaltungselemente teilweise kombiniert aufscheinen:

▶ **Hierarchische Strukturen:** Hier liegt der Fokus auf den verschiedenen Ebenen, wobei sich eine untergeordnete Ebene immer auf die übergeordnete Ebene bezieht (→ Abb. 34 und 35);

▶ **Kategoriale Strukturen:** Hier werden einzelne Elemente zu Kategorien zusammengefasst (→ Abb. 36). Häufig treten kategoriale und hierarchische Elemente in Kombination auf (→ Abb. 35), oder es werden Kategoriensysteme miteinander kombiniert (→ Abb. 37).

▶ **Ablaufstrukturen:** Hierbei geht es um die Abfolge von bestimmten Elementen, beispielsweise in einer chronologischen Darstellung (→ Abb. 38). Zudem können Prozesse bezeichnet werden, meist in einer linearen oder zyklischen Anordnung (→ Abb. 39).

▶ **Clusterstrukturen:** Hier werden Zusammenhänge zwischen einzelnen Elementen bezeichnet. Dabei kann es sich um Eigenschaften, Merkmale und Qualitäten von bestimmten Elementen handeln, aber auch um Hinweise, Evidenzen oder Belege (→ Abb. 40).

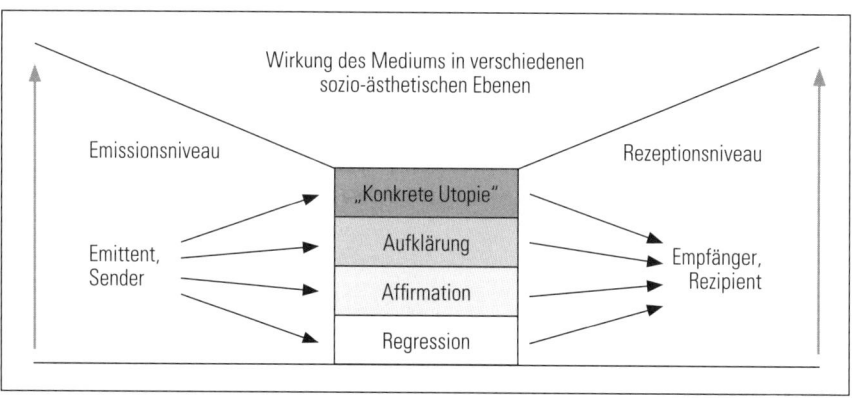

Abbildung 34: Strukturbeispiel 1 – Medienwirkung in sozio-ästhetischen Ebenen (Soziologie)[90]

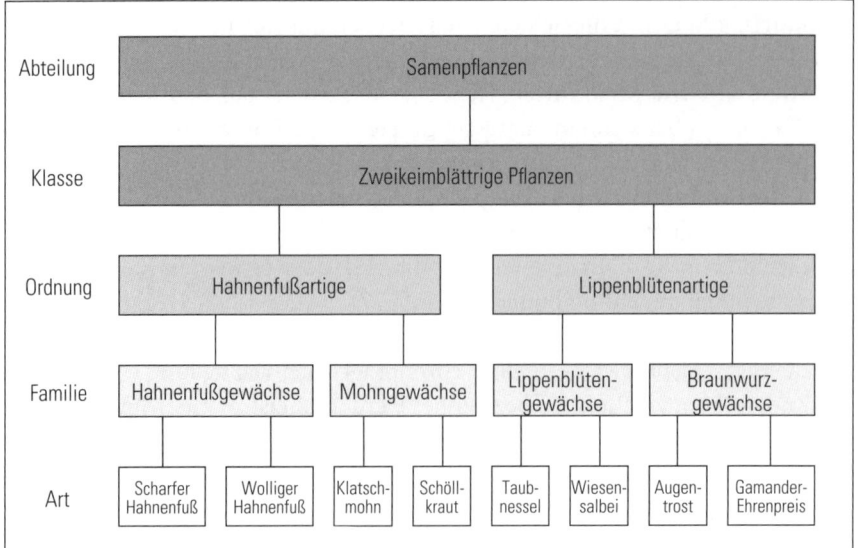

Abbildung 35: Strukturbeispiel 2 – Einordnung von Blütenpflanzen in ein phylogenetisches System (Biologie)[91]

Will / shall / 'll („neutrale" Zukunft):
• How many people will there be on this planet in 2050?

Will / shall / 'll be -ing (für fest vorgesehene Handlungen, höfliche Fragen nach jemandes Plänen und für Handlungen, die zu einem bestimmten Zukunftszeitpunkt gerade ablaufen werden):
• We'll be staying at the King's Hotel.
• What time will you be arriving?

Be going to (Betonung von Absicht oder Gewissheit):
• We're going to make a fresh start.
• There are going to be lots of cars on the road.

Be going to be -ing (bedeutungsgleich mit 2, aber umgangssprachlicher):
• We're going to be seeing lots of changes.

Present progressive, meist mit Zeitbestimmung der Zukunft (betont, dass etwas geplant ist):
• We're seeing a movie tonight.

Present simple (für „fahrplanmäßig" festgesetzte Zukunftshandlungen):
• The next train for Glasgow leaves at 8.15.

Abbildung 36: Strukturbeispiel 3 – Sechs Zukunftsformen (Englisch)[92]

Zielebene:	Pflegende	Patient/ Angehörige	Institution/ Gesellschaft	pflegerisches Handeln
Technisches Erkenntnisinteresse	Erklären von Pflegendenverhalten und Ableiten von instrumentellen Lösungen für die Probleme/„Krisen" der Pflegenden	Erklären des Patientenverhaltens und Ableiten von instrumentellen Lösungen für die (Selbst)Pflegeaufgaben von Patienten	Erklären und Ableiten von instrumentellen Lösungen für die Aufgaben der Institution und des Systems	Erklären und Ableiten von instrumentellen Lösungen im Hinblick auf die Unterstützung des Patienten bei seinen Selbstpflegeaufgaben
Praktisches Erkenntnisinteresse	Verstehen der Verständigung über die eigenen biografisch geprägten Interessen, Gefühle, Motive und Werte	Verstehen der und Verständigung über die biografisch geprägten Interessen, Gefühle, Motive und Werte des Patienten	Verstehen der und Verständigung über die Interessen und Motive der Institution/ des Gesundheitswesens	Fallverstehen/Urteilsbildung und Kommunikation
Emanzipatorisches Erkenntnisinteresse	Aufdecken von gesellschaftlich geprägten inneren Konflikten	Aufdecken von gesellschaftlich geprägten inneren Konflikten	Aufdecken von gesellschaftlichen Widersprüchen	Aufdecken von widersprüchlichen Strukturgesetzlichkeiten pflegerischen Handelns

Abbildung 37: Strukturbeispiel 4 – Pflegedidaktische Heuristik (Pflegedidaktik)[93]

Wiener Kongress: Neuordnung Europas (Restauration), Gründung des Deutschen Bundes

Kundgebung von 20 000 Menschen auf dem **Hambacher Schloss:** Forderung nach Demokratie und nationaler Selbstbestimmung

Hoffmann von Fallersleben komponiert **„Lied der Deutschen"** (spätere Nationalhymne)

Revolution in Deutschland: erstes Parlament (Nationalversammlung in der Frankfurter Paulskirche)

1815   **1832**   **1841**   **1848**

1817   1819   **1834**   **1844**

Wartburgfest: studentische Versammlung, Streben nach Reichseinheit, Fahne Schwarz-Rot-Gold

Der radikale Student Sand ermordet den Dichter Kotzebue, der als Inbegriff der Restauration gilt; Gesetzesverschärfung und Zensur: **„Karlsbader Beschlüsse"**

Deutscher Zollverein: Schaffung eines wirtschaftlichen Binnenmarkts

Aufstand der schlesischen Weber

Abbildung 38: Strukturbeispiel 5 – Vom Wiener Kongress zur Deutschen Revolution (Geschichte)

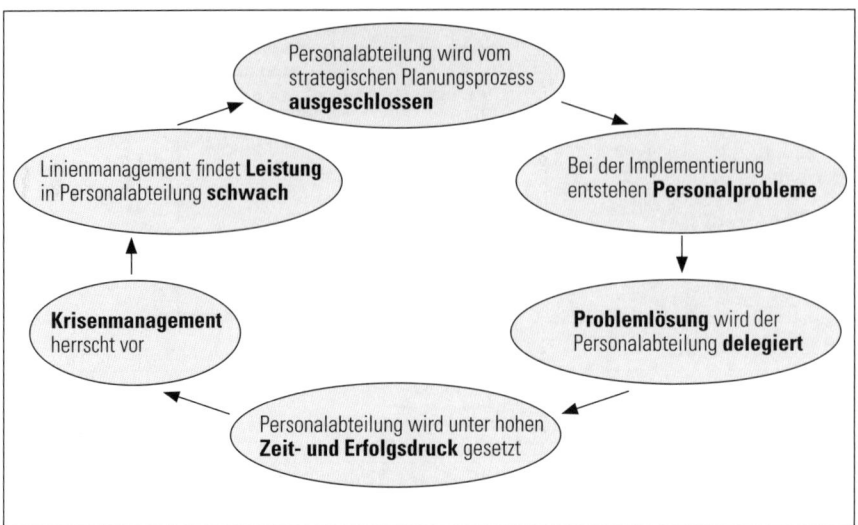

Abbildung 39: Strukturbeispiel 6 – Das Dilemma der Personalabteilung (Personalwirtschaft)[94]

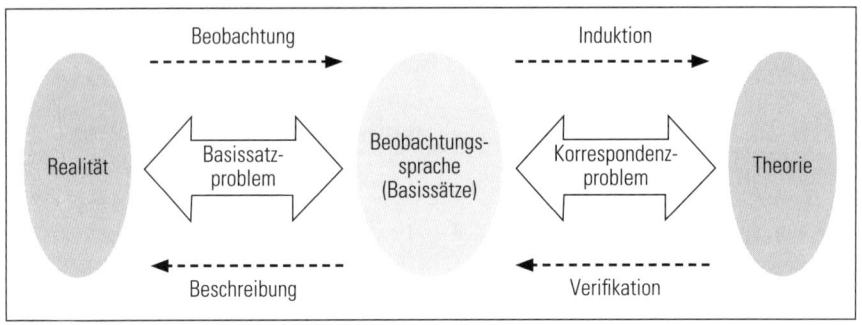

Abbildung 40: Strukturbeispiel 7 – Erkenntnismodell des logischen Empirismus (Philosophie)[95]

Die Unterteilung in unterschiedliche Strukturformen (Hierarchie, Kategorie, Ablauf, Cluster) ist zunächst hilfreich, um sich die unterschiedlichen Darstellungsmöglichkeiten zu vergegenwärtigen. In der Praxis verschmelzen diese Formen aber, und es entsteht eine von den jeweiligen Inhalten abhängige Struktur. Gerade wenn relativ viele Informationen zusammengetragen werden, kann auch von einer **Netzwerkdarstellung,** in der die Hauptbestandteile der Prüfungsinhalte abgebildet sind, gesprochen werden. Eine derartige grafische Zusammenfassung geht von der Strukturanalyse der Lerninhalte aus und versucht, diese in eine gut merk- und abrufbare Lernstruktur zu überführen. Abb. 41 zeigt beispielhaft eine solche komplexe Netzwerkstruktur, die das Thema „Gedächtnis" behandelt. Erkennbar sind sowohl hierarchische Strukturen (semantisches Gedächtnis als Teil des deklarativen Gedächtnisses, dieses ist wiederum Teil des Langzeitgedächtnisses), kategoriale Strukturen (z. B. deklarative und nicht deklarative Inhalte), als auch Clusterstrukturen (z. B. das Striatum als neurophysiologisches Korrelat des prozeduralen Gedächtnisses).

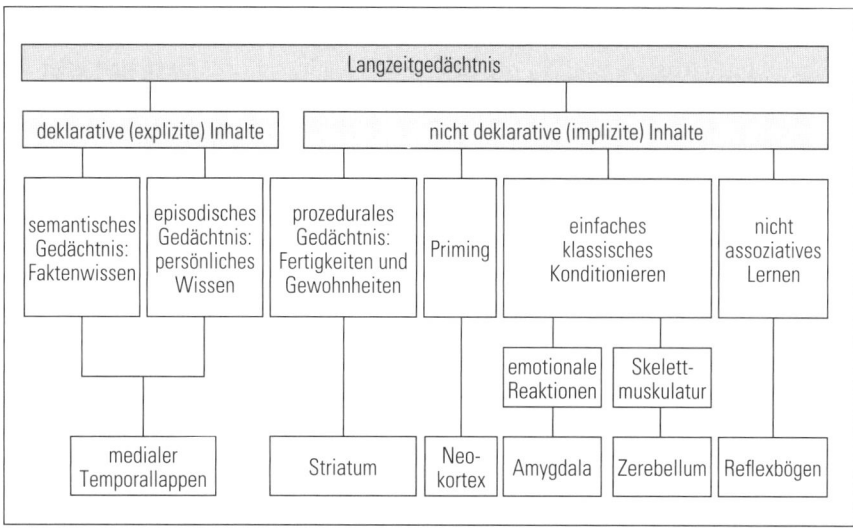

Abbildung 41: Strukturbeispiel 8 – Gedächtnis (Psychologie)[96]

Bei der Entwicklung von Strukturen werden häufig Kategorien gebildet und diese dann in Folgeschritte „heruntergebrochen". Die entsprechenden **Reflexionsfragen** dazu lauten:

▸ Welche übergeordnete Kategorie(n) gibt es (mit welchen gemeinsamen Merkmalen)?

▸ Welche weitere(n) (neben- bzw. untergeordnete/n) Kategorie(n) gibt es (mit welchen gemeinsamen Merkmalen)?

Das **Kategorisieren** ist eine typische Tätigkeit bei jeder Strukturbildung. Kategorien tragen dazu bei, das Wissen „in kleine ‚Pakete' zu packen" und verbessern so die Erinnerungsleistung, was sich durch entsprechende Forschungsergebnisse auch gut belegen lässt.[97]

Zitat 16: Alain LIEURY – Kleine „Pakete" (2013)

„Das Geheimnis des Lernens besteht darin, die Information in kleine ‚Pakete' zu packen."[98]

4.3   Abrufhilfen 2: Situationen, Fälle, Beispiele

Strukturen bilden stets eine bestimmte Sachlogik ab. In vielen Fällen ist diese Sachlogik fachsystematisch orientiert, das heißt, sie orientiert sich eher an bestimmten theoretischen Ansätzen als an konkreten Fällen und Situationen. Grundsätzlich ist es aber so, dass sich die klassische Systematik von Begriffen, Aussagen und Ansätzen (Beispiel: Klassifizierung von Säugetieren) und die **handlungsorientierte Systematik von Fällen und Situationen** (Beispiel: typische Situationen für die Ausbildung von Ersthelfern) durchaus ergänzen können. Infotafel 12 zeigt beispielhaft, dass ein und derselbe Inhalt auf unterschiedliche Weise angeordnet bzw. strukturiert werden kann.

Infotafel 12: Fälle, Diagnosen und Organsysteme (Medizin)

Das Lehrbuch „Die 50 wichtigsten Fälle Innere Medizin"[99] stellt drei unterschiedliche Inhaltsverzeichnisse bereit:
Inhaltsverzeichnis Fälle, z. B.
▸   Akute Oberbauchschmerzen und Erbrechen
▸   Abgeschlagenheit und Oberbauchschmerzen
▸   Fieber, Schüttelfrost und Flankenschmerzen
▸   …
Inhaltsverzeichnis Diagnosen, z. B.
▸   Asthma bronchiale
▸   Chronisch-entzündliche Darmerkrankungen
▸   Leberzirrhose
▸   …
Inhaltsverzeichnis Organsysteme, z. B.
▸   Leber, Galle, Pankreas
▸   Magen-Darm-Trakt
▸   Niere
▸   …

Die **Verschränkung von systematischen und situierten Aspekten** lässt sich beim **Aufbau von Expertise** nachvollziehen. In einem frühen Lernstadium bedeutet Problemlösen zunächst die Suche in einem umfangreichen „Lehrbuchwissen". Wird der Kontakt zur Praxis stärker, verändert sich die Perspektive: Der tendenziell einseitige Wissensfokus wird um situative Aspekte ergänzt. Die handelnde Person erfasst prototypische Situationen und routinisiert ihr Handeln zunehmend. Mit zunehmendem Expertenwissen erfolgt eine noch weiter ausgeprägte situative Orientierung, nämlich die an spezifischen Fällen. Damit erfolgt eine Veränderung des systematischen Wissens, zum fachsystematischen gesellt sich das situationssystematische Expertenwissen. Im Folgenden werden fall- bzw. situationsorientierte Abrufhilfen an zwei Beispielen demonstriert:

▶ **Jura/Jus:** Im Zivilprozessrecht (→ Abb. 42) lassen sich die typischen Fallsituationen bestimmten Bereichen (z. B. Beweisführung) zuordnen. Die Anordnung dieser Bereiche folgt der Prozesslogik, also erst die Prüfung der Zulässigkeit und dann die Prozessführungsmöglichkeiten.

▶ **Medizin:** In der Inneren Medizin (→ Abb. 43) lassen sich typische Fälle (z. B. Gewichtsverlust) bestimmten Organen zuordnen, wobei diese Zuordnung nicht immer eindeutig sein muss.

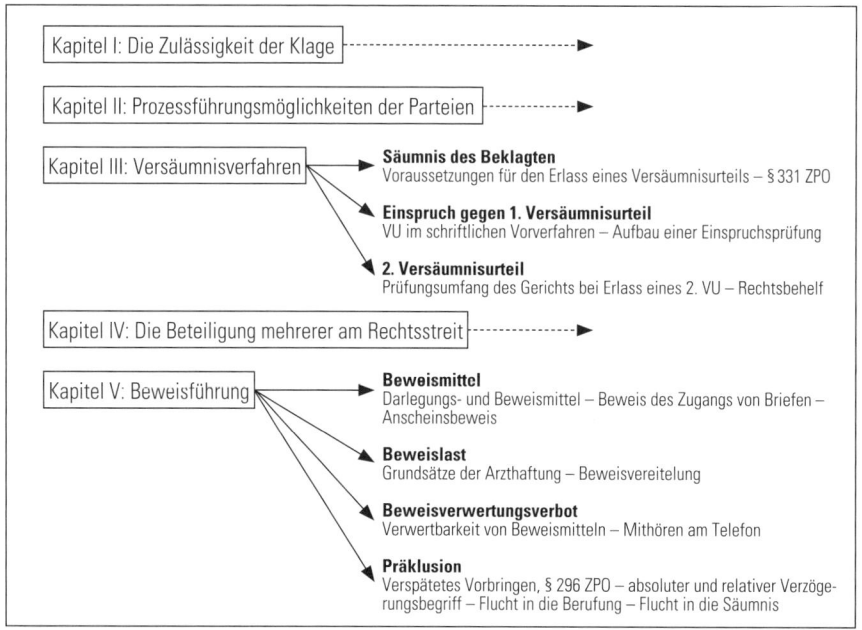

Abbildung 42: Typische Situationen 1 – Zivilprozessrecht (Jura/Jus)[100]

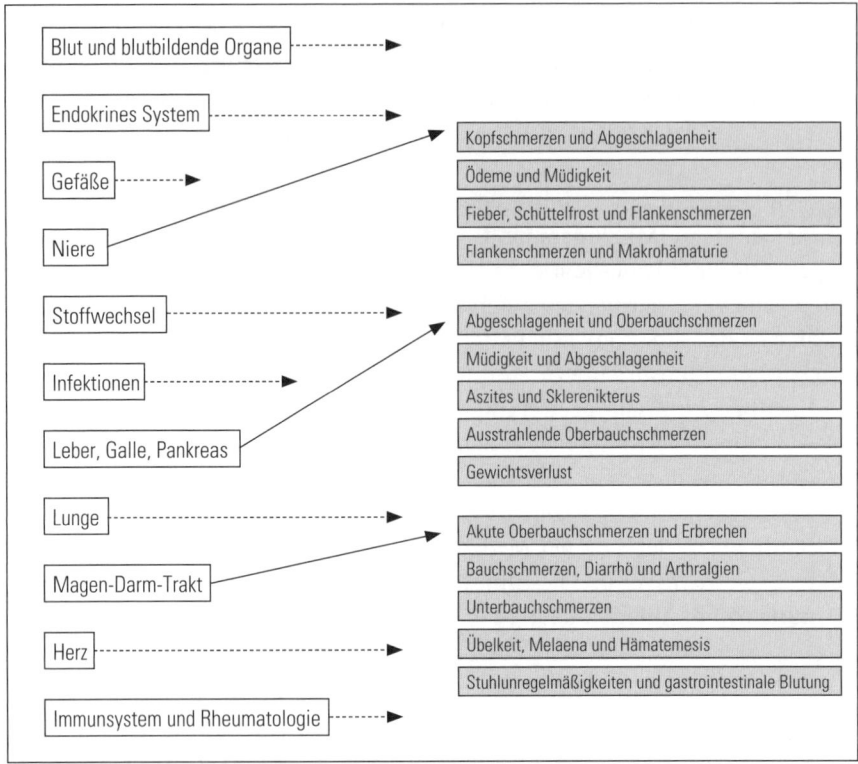

Abbildung 43: Typische Situationen 2 – Innere Medizin (Medizin)[101]

4.4   Abrufhilfen 3: Bilder, Metaphern, Geschichten, Analogien

In den vorigen Abschnitten wurde Ihnen gezeigt, dass sachlogische Strukturen als Abruf- bzw. Rekonstruktionshilfe fungieren können. Der sachlogische Zusammenhang bzw. Aufbau des jeweiligen Inhalts war demzufolge das zentrale Ordnungsprinzip, und die konstruierten Strukturen nahmen eine stark inhaltlich geprägte Form an, etwa als Netzwerk, Schema, geistige Landkarte, Mind-Map oder Concept-Map. Bei den nun folgenden Abrufhilfen spielt die **äußere Form** (auch) eine mehr oder minder große Rolle. Sie dient häufig als Ordnungsprinzip, etwa wenn Gegenstände alphabetisch (Beispiel: Namen), zeitlich (Beispiel: Kontext-K) oder der Größe nach (Beispiel: Zahlen) klassifiziert werden. Vor allem aber spielen auch analoge Darstellungsformen wie **Bilder, Geschichten, Metaphern und Analogien** eine wichtige Rolle. Das folgende Beispiel mag diese Funktion verdeutlichen:

In einer Experimentalsituation zeigt man Versuchspersonen drei Sätze (→ Abb. 44) für einen Zeitraum von etwa ein bis zwei Minuten und fordert sie auf, diese Sätze zu memorieren, um sie anschließend wiedergeben zu können.

Ein Zweibein sitzt auf einem Dreibein und isst ein Einbein.
Da kommt ein Vierbein und nimmt dem Zweibein das Einbein weg.
Da nimmt das Zweibein das Dreibein und schlägt das Vierbein.

Abbildung 44: Merksatz[102]

Fragt man anschließend die Personen nach der gewählten Memorier-Strategie, so erhält man in der Regel drei Klassen von Antworten:

▸ Zunächst einmal ist es möglich, sich die Sätze viele Male laut oder nur gedanklich vorzulesen. Wenn man dies dreißigmal getan hat, werden sich die Sätze schon eingeprägt haben.

▸ Manche Menschen – häufig solche mit einer Affinität zu Zahlen – merken sich Ziffernfolgen: 2-3-1, 4-2-1, 2-3-4. Dieses Vorgehen erfordert in der Regel weniger Wiederholungen.

▸ Das wirksamste Vorgehen besteht darin, sich eine konkrete Situation bildhaft vorzustellen: Ein Mensch (Zweibein) sitzt auf einem Stockerl bzw. Hocker (Dreibein) und isst eine Hendlkeule bzw. ein Hühnerbein (Einbein). Da kommt ein Hund (Vierbein) und nimmt dem Mensch (Zweibein) die Hendlkeule bzw. das Hühnerbein (Einbein) weg. Da nimmt der Mensch (das Zweibein) das Stockerl bzw. den Hocker (Dreibein) und schlägt den Hund (Vierbein).

Auch wenn es eher selten ist, dass sich die Versuchspersonen ein konkretes inneres Bild bzw. ein inneres Video von der Situation machen, so dient doch das **Bild von der Situation als „Klammer"** für die einzelnen Fakten. Mithilfe des Bildes bzw. der bildhaft vorgestellten Situation werden die einzelnen Informationen so organisiert, dass sie – eben über das Bild bzw. die bildhaft vorgestellte Situation – gut abrufbar sind.

Grundsätzlich muss man festhalten, dass Bilder (im weitesten Sinne) **Lern- bzw. Verarbeitungsprozesse anstoßen, unterstützen oder vertiefen** müssen. Illustrationen, denen lediglich eine schmückende Funktion zukommt, sind nutzlos und überflüssig. Ästhetisch ansprechende oder auch technisch perfekte Bilder, wie sie etwa über Powerpoint-Folien oder YouTube-Videos präsentiert werden, mögen auf den ersten Blick beeindruckend sein. Doch obgleich sinnliche Eindrücke wichtig sein können, gilt dies immer nur in dem Maße, als sie auch (aktiv) verarbeitet werden. Häufig folgen Menschen einer naiven Abbildtheorie (Sensualismus), die davon ausgeht, dass alles, was einmal wahrgenommen wurde, auch verfügbar ist. Doch die Vorstellung, dass sich Sachverhalte „einfach so" abbilden und einprägen, lässt sich nicht halten. Lernwirksam ist nur, was in irgendeiner Form verarbeitet wurde, vorzugsweise in einer (auch) sachlogischen Form mit gut rekonstruierbaren Darstellungselementen (→ Zitat 17).

Zitat 17: Verena STEINER – Bilder (2013)

„Bilder bzw. die durch sie bewirkte Veranschaulichung wirken also nicht, weil dem Lernenden etwas ‚vor Augen gestellt' wird. Einsehbar wird die Bildinformation nur in dem Maße, wie sie aktiv verarbeitet wird. Aus diesem Grund sind auch nur diejenigen Bilder didaktisch nützlich, die eine Verarbeitung auslösen oder zumindest möglich machen."[103]

Visualisierungen können in durchaus unterschiedlicher Form das Verstehen und Einprägen unterstützen:

▸ **Verwendung von geometrischen Formen und Orientierungen:** Geometrische Strukturen erleichtern die Rekonstruktion eines Inhalts. Im Beispiel „Verhaltensänderung" (→ Abb. 45) weiß man sofort, dass es sich um vier Aspekte handelt, die es bei der Veränderung von Verhalten zu berücksichtigen gilt. Zusätzlich gibt es Unterstrukturen: Das „Individuelle" findet sich gegenüber dem „Sozialen" (horizontal), das „Persönliche" gegenüber dem „Situativen" (vertikal). – Das Beispiel „Drei-Finger-Regel" (→ Abb. 46) bietet eine dreidimensionale Struktur, die ebenfalls bei der Rekonstruktion eines Sachverhalts unterstützen kann. Da sich diese Regel auf die ersten drei Finger der rechten Hand bezieht, ist die Orientierung vorgegeben. – Die Visualisierung der Präpositionen (→ Abb. 47) in der englischen Sprache ist ein Beispiel für eine realitätsbezogene geometrische Orientierung.

▸ **Verwendung von Ablaufstrukturen:** Die vertikale Linie im Beispiel „Kontext-K" (→ Abb. 48) ist als Zeitlinie („timeline") zu interpretieren. Wer dies in einer Beratungssituation weiß, wird Fragen hinsichtlich der Vergangenheit („Welche Interventionen hat es schon gegeben?"), der Gegenwart („Warum kommen Sie ausgerechnet jetzt zu mir?") und der Zukunft („Wie sieht eine erste Zielnäherung aus?") in das Erstgespräch einfließen lassen. – Das

Beispiel „Führen in der Teamentwicklung" (→ Abb. 49) verweist auf die vier Phasen eines Teamentwicklungsprozesses (Forming, Storming, Norming, Performing) und die zugehörigen Rollen der Teamleitung.

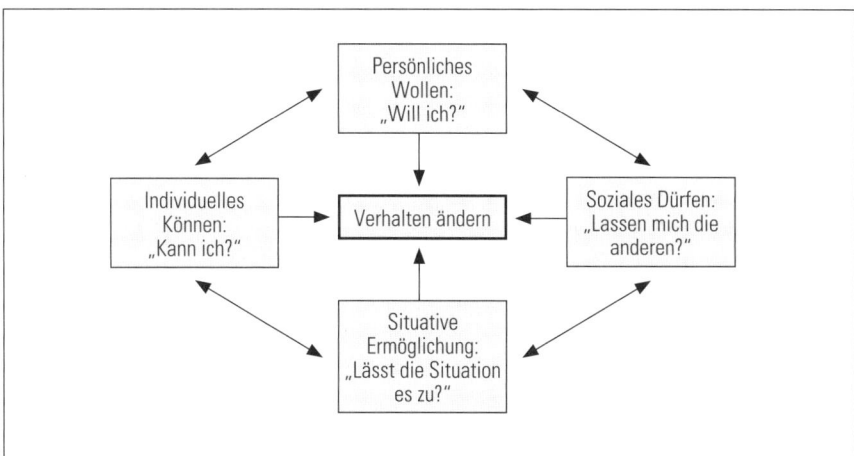

Abbildung 45: Visualisierung 1 – Verhaltensänderung (Psychologie)[104]

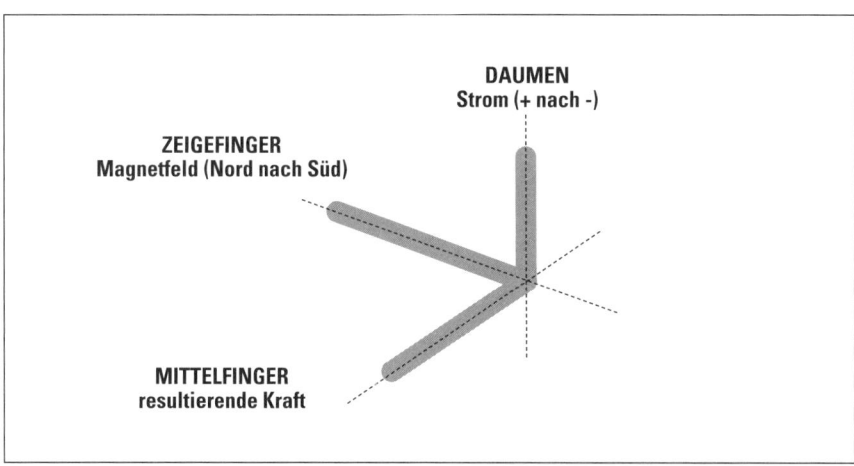

Abbildung 46: Visualisierung 2 – Drei-Finger-Regel (Physik)

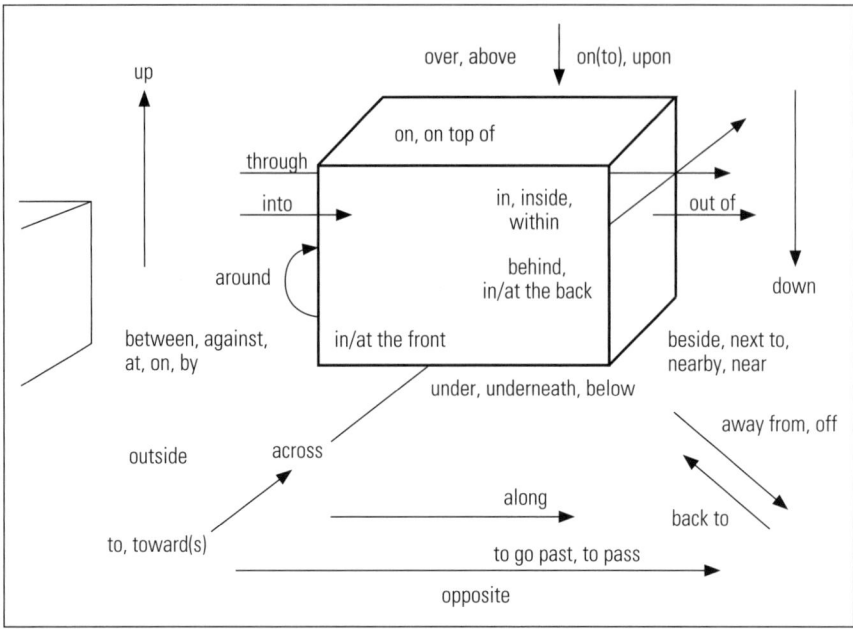

Abbildung 47: Visualisierung 3 – Präpositionen (Englisch)[105]

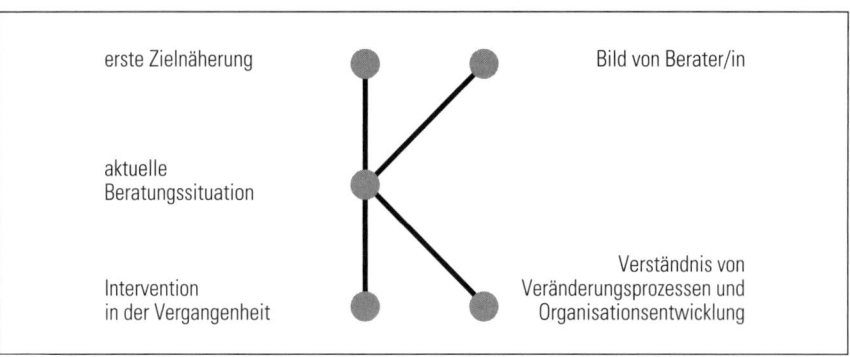

Abbildung 48: Visualisierung 4 – Das Kontext-K (Organisationsentwicklung)

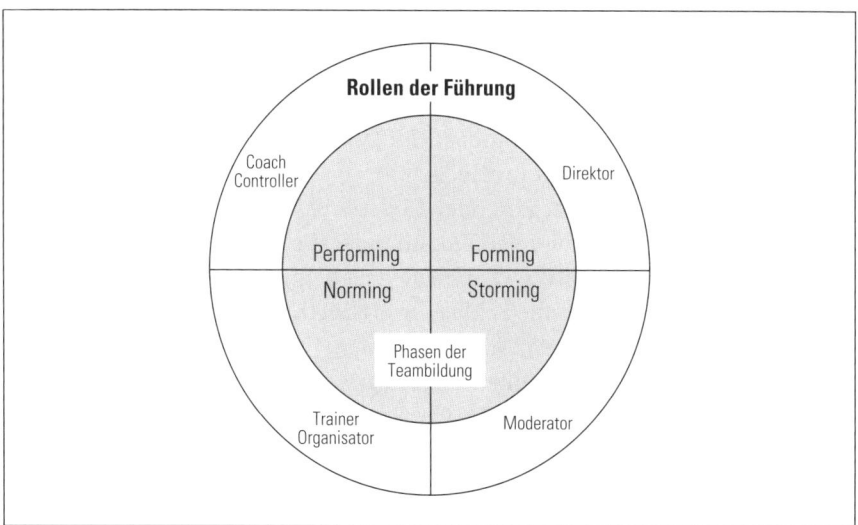

Abbildung 49: Visualisierung 5 – Führung in Phasen der Teamentwicklung (Organisationspsychologie)[106]

Bei allen vorgestellten Beispielen stehen die visuellen Elemente mit inhaltlichen Gesichtspunkten in einem Zusammenhang, sie verdeutlichen bestimmte Aspekte, heben Einzelnes heraus oder setzen auch Schwerpunkte. Im Gegensatz hierzu gibt es auch Techniken, die sich der – meist visuellen – Assoziation bedienen und keine inhaltlichen Bezüge aufweisen. Ein typischer Vertreter dieser Techniken ist beispielsweise die sogenannte **Loci-Technik,** bei der jeder Begriff an einem bestimmten Platz abgelegt wird. Dabei kann es sich um ein vertrautes Haus oder eine oft begangene Straße handeln. So wird beispielsweise der erste zu merkende Begriff an der Eingangstür abgelegt, der zweite dann an der Garderobe. Bei diesen Techniken tritt häufig eine Überlastung des Gedächtnisses ein, denn es werden Wörter oder Bilder eingeführt, die keinen direkten inhaltlichen Zusammenhang mit den einzuprägenden Begriffen aufweisen. Während also bei den Strukturschemata und auch bei den inhaltlich motivierten visuellen Darstellungen auf die Abstraktion der wesentlichen semantischen Beziehungen gesetzt wird, gilt dies für diese – häufig von Gedächtniskünstlern verwendeten – Techniken nicht.[107]

Dazu kommentiert Alain LIEURY: „Wenn bestimmte Methoden überhaupt Nutzen bringen, dann bei normal begabten Menschen nur in unzureichendem Maße; ihre Verfechter waren sehr häufig ‚professionelle‘ Gedächtniskünstler, die schon von vornherein über außergewöhnliche Fähigkeiten verfügten, diese durch bestimmte Techniken noch verbesserten und sie öffentlich zelebrierten. (…) Die Ergebnisse sind in sozialer Hinsicht bemerkenswert, denn sie sprechen dafür, dass die Methode nur Probanden mit hoher intellektueller Begabung nützt. (…) Was die durchschnittlich oder minderbegabten Probanden behindert, ist daher nicht ihr Gedächtnis für Wortfolgen, sondern ihre eingeschränkte Fähigkeit, Strategien oder Codes anzuwenden."[108] Punktuell mag es also sinnvoll sein, auf die Loci-Technik oder die Ketten- und Geschichten-Technik zurückzugreifen, etwa wenn man viele Begriffe der Reihe nach wiedergeben will. Gleiches gilt für die Schlüsselwort-Methode, die dabei helfen kann, einzelne schwer zu behaltende Wörter zu lernen.

Neben den bereits vorgestellten Bildern gibt es noch andere analoge Abrufhilfen wie beispielsweise Metaphern, Geschichten, Analogien und sogar Witze:

▸ **Metaphern** tragen dazu bei, die Komplexität von Inhalten zu reduzieren, indem sie Sachverhalte in einem übertragenen Sinn darstellen (→ Infotafel 13 und 14). Sie stimulieren die Fantasie der Lernenden durch eine Kombination aus bildhaften und sprachlichen Elementen und haben nicht zuletzt dadurch auch einen hohen Erinnerungswert.

▸ **Geschichten** haben im Unterschied zu Metaphern einen realen Bezug, auch hier befördert eine Kombination aus bildhaften und sprachlichen Elementen das momentane Verstehen und das spätere Erinnern (→ Infotafel 15). Eine besondere Form von Geschichten sind Witze (→ Infotafel 16).

▸ **Analogien** setzen zwei Sachverhalte, von denen der eine vertraut sein muss, in eine Ähnlichkeitsbeziehung, die sich in der Regel auf einige Aspekte – beispielsweise Funktion oder Struktur – beschränkt. Die Verwendung von Analogien als Lern- und Erinnerungshilfen ist grundsätzlich nicht unproblematisch, weil Analogien in der Regel einen Sachverhalt nicht erklären, sondern ihn „nur" verständlich machen (→ Infotafel 17).

Infotafel 13: Metaphern – drei Beispiele (Chemie, Didaktik, Physik)

▸ Katalysator (Chemie): Um zu erläutern, wie Katalysatoren funktionieren, greifen Chemiker gern auf das Märchen vom achtzehnten Kamel zurück: Ein Vater hat drei Söhne und siebzehn Kamele. Als er stirbt, bringt das Testament eine scheinbar unlösbare Aufgabe mit sich. Es weist dem ältesten Sohn die Hälfte, dem mittleren Sohn ein Drittel und dem jüngsten Sohn ein Neuntel der Kamele zu. – Wie die Söhne noch überlegen, kommt ein Fremder auf einem Kamel des Wegs. Er stellt sein Kamel zu den anderen, womit nun achtzehn Kamele beisammen sind. Damit ist die Aufgabe lösbar: der Älteste erhält neun, der

Mittlere sechs und der jüngste zwei Kamele. Es verbleibt das achtzehnte und letzte Kamel, das der Fremde besteigt und seines Weges reitet.

▸ Reduktion (Didaktik): Der Blumenstrauß als Metapher für die didaktische Reduktion: Wer seiner Liebsten Blumen mitbringen möchte, der pflückt auch nicht den ganzen Garten, sondern wählt einige Blumen aus – meist die schönsten oder auffälligsten. Die Blumen werden dann mit Grün verziert und geschmackvoll arrangiert (→ Abb. 21).

▸ Pauli-Prinzip (Physik): Es ist verboten, dass im Atom zwei Elektronen in allen Quantenzahlen übereinstimmen. Man könnte es mit der Situation in einem Konzertsaal vergleichen: Die Zuhörer sitzen wohlgeordnet in ihren Rängen, Parketten und Logen, in Reihen und Spalten, jeder auf seinem Stuhl. Pauli hat jedem seinen Platz zugewiesen und sorgt dafür, dass er auch dort bleibt. Und dieser Platzanweiser ist absolut unerbittlich.[109]

Infotafel 14: Metapher – Evolution (Biologie)

Der Molekulargenetiker Francois JACOB fragt rhetorisch: Muss man sich die Evolution eher als einen Ingenieur oder als einen Bastler vorstellen?

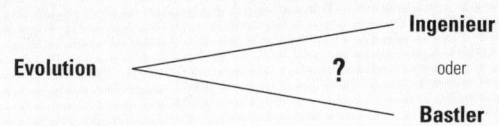

„Oft wird die Wirkungsweise der natürlichen Selektion mit der eines Ingenieurs verglichen. Dieser Vergleich erscheint jedoch nicht angebracht. Erstens (…) geht der Ingenieur nach einem vorgefassten Plan vor. Zweitens orientiert sich ein Ingenieur, der einen neuen Apparat entwirft, nicht unbedingt an älteren. Die elektrische Glühbirne wurde nicht aus der Kerze entwickelt, und das Düsentriebwerk stammt nicht vom Verbrennungsmotor ab. (…) Die Objekte, die ganz neu entwickelt werden, sind nur deshalb vollkommen, weil die Ingenieure, zumindest die guten Ingenieure, den neuesten Stand der Technik nutzen.

Im Gegensatz zum Ingenieur schafft die Evolution nichts, was komplett neu wäre. Sie bedient sich des bereits Vorhandenen, indem sie ein System entweder so umwandelt, dass es eine neue Funktion erhält, oder mehrere Systeme so kombiniert, dass ein komplexeres System entsteht. Wenn wir einen Vergleich ziehen wollen, haben wir es hier nicht mit Ingenieurarbeit, sondern mit einer Bastelei oder Flickwerk zu tun. (…) Während der Ingenieur mit Rohstoffen und Werkzeugen arbeitet, die genau zu seinem Projekt passen, arbeitet der Bastler mit allem möglichen Krimskrams. (…) Er nimmt, was er vorfindet, alte Pappstücke, Schnurenden, Holz- und Metallabfälle, um irgendein Objekt zusammenzustoppeln, das die Aufgabe erfüllt. Der Bastler sucht sich ein Objekt, das sich zufällig in seinem Besitz befindet, und verleiht ihm eine überraschende Funktion. Aus einer alten Autofelge baut er einen Ventilator und aus einem kaputten Tisch einen Sonnenschirm."[110]

Infotafel 15: Geschichten – zwei Beispiele (Didaktik, Management)

▸ Reduktion (Didaktik): Aus einem Brief von Goethe an seine Schwester:[111]

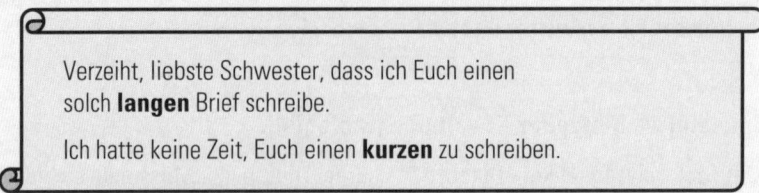

> Verzeiht, liebste Schwester, dass ich Euch einen solch **langen** Brief schreibe.
>
> Ich hatte keine Zeit, Euch einen **kurzen** zu schreiben.

▸ Zielorientierung (Management): Eine Führungskraft steigt in ein Taxi. Fragt der Taxilenker: „Wohin darf ich Sie fahren?" – Antwortet die Führungskraft: „Ach, egal wohin, ich werde überall gebraucht."

Infotafel 16: Witze – drei Beispiele (Philosophie)

Relativität: Zeitwahrnehmung
▸ Eine Schnecke ist von zwei Schildkröten überfallen und ausgeraubt worden. Auf die Frage der Polizei, wie es dazu gekommen sei, sagt sie nur: „Ich weiß auch nicht, es ging alles so schnell."

Logik: Monte-Carlo-Effekt
▸ Falls Sie demnächst ein Verkehrsflugzeug zu besteigen beabsichtigen, nehmen Sie aus Sicherheitsgründen bitte eine Bombe mit. Die Wahrscheinlichkeit, dass in einem Flugzeug zwei Leute mit einer Bombe sitzen, beträgt nämlich nahezu null.

Metaphysik: Rationalismus
▸ Der Optimist sagt: „Das Glas ist halb voll." – Der Pessimist sagt: „Das Glas ist halb leer." – Der Rationalist sagt: „Das Glas ist doppelt so groß, wie es sein müsste."[112]

Infotafel 17: Analogien – ein Beispiel (Physik)

Eine der bekanntesten Analogien ist die Veranschaulichung des elektrischen Stromkreises durch einen Wasserkreislauf:

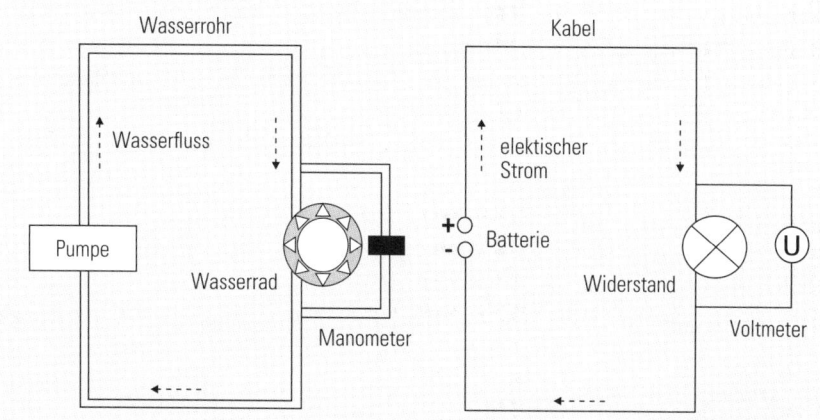

Die Wasserrohre entsprechen den Kabeln, die Pumpe der Batterie, und so wie die Ursache des Wasserstroms die Druckdifferenz ist, ist die Ursache des elektrischen Stroms die Spannung. Allerdings hat die Analogie von stromdurchflossenen Leitern zu Wasserrohren ihre Grenzen, da beispielsweise Leitungsbruch und Rohrbruch zu völlig unterschiedlichen Folgen führen. In einem unterbrochenen Leiter fließt kein Strom, während ein offenes Rohr leckt und Wasser an die Umgebung abgibt.[113]

4.5 Beispiel: Das Wiener Kaffee-ABC: Teil 1

Im folgenden Beispiel können Sie nachvollziehen, auf welche Weise sich ein bestimmter Inhalt so strukturieren lässt, dass er gut erinnerbar und abrufbar ist. Im Vergleich mit den Stoffmengen, die Sie zu lernen haben, ist der Stoffumfang hierbei eher bescheiden; davon unabhängig werden Sie feststellen, dass es im Detail doch sehr viele Nuancen gibt, die es zu beachten gilt. Das nun folgende Beispiel ist einer kleinen Broschüre der Wiener Kaffeehäuser entnommen. Im sogenannten „Kaffee-ABC" sind 16 österreichische Kaffeespezialitäten beschrieben. Die Angaben umfassen jeweils ein oder zwei Zeilen, sind also recht knapp gehalten (→ Infotafel 18).

Infotafel 18: Das Wiener Kaffee-ABC

„Kaffeehaus ist überall." So lautet ein Kapitel in Friedrich Torbergs legendärem Buch „Die Tante Jolesch", das sehr gut die Bedeutung des „Wiener Kaffeehauses" beschreibt. Im 19. Jahrhundert breitete sich dieser Kaffeehaustyp in alle österreichischen Länder aus, sodass aus dem Wiener Kaffeehaus eine österreichische Institution wurde, eine Institution, deren klassische Kaffeespezialitäten in ihrer Vielfalt und Raffinesse weltweit einzigartig sind.

▶ *Kleiner Schwarzer:* Ein Mokka in kleiner Schale, auf Wunsch auch „kurz" serviert.

▶ *Kleiner Brauner:* Ein Mokka in kleiner Schale mit Kaffeeobers serviert.

▶ *Großer Brauner:* Ein doppelter Mokka in größerer Schale mit Kaffeeobers serviert.

▶ *Großer Schwarzer:* Ein doppelter Mokka in größerer Schale, auf Wunsch auch „kurz" serviert.

▶ *Melange:* Ein Mokka, etwas verlängert, mit warmer Milch versetzt und Milchschaumhaube; in großer Schale serviert.

▶ *Franziskaner:* Eine Melange mit Schlagobers – statt Milchschaumhaube.

▶ *Kaffee verkehrt:* Ein Mokka mit sehr viel Milch; ein heller Milchkaffee.

▶ *Kleine Schale Gold:* Ein Mokka mit heißer Milch aufgegossen und Milchschaumhaube, in einer kleinen Schale serviert.

▶ *Verlängerter Brauner:* Ein Mokka in einer großen Schale mit heißem Wasser aufgegossen und einem Schuss Kaffeeobers.

▶ *Verlängerter Schwarzer:* Ein Mokka in einer großen Schale mit heißem Wasser aufgegossen.

▶ *Kapuziner:* Ein doppelter Mokka mit Schlagobers.

▶ *Einspänner:* Ein Mokka mit aufgesetztem Schlagobers; in einem Einspännerglas, mit Staubzucker extra serviert.

▶ *Obermayer:* Ein doppelter Mokka, auf den sehr kaltes flüssiges Obers mittels eines umgedrehten Kaffeelöffels aufgesetzt wird.

▶ *Überstürzter Neumann:* In eine leere Kaffeeschale kommt Schlagobers, das dann mit einem doppelten Mokka „überstürzt" wird.

▶ *Maria Theresia:* Ein doppelter Mokka mit einem Schuss Orangenlikör und Schlagobers, im Glas serviert.

▶ *Fiaker:* Ein Mokka mit einem kleinen Rum, heiß serviert.[114]

Angenommen, Sie stehen nun vor der Aufgabe, diese Kaffeesorten zu erinnern – genauer: die Namen der Kaffeesorten und die erforderlichen Zutaten zu benennen. Sie entschließen sich nun, eine Struktur zu entwickeln, die die verschiedenen Kaffeespezialitäten in einer gut rekonstruierbaren Form abbildet. Die Frage ist, wie eine derartige Struktur aussehen könnte und welche Differenzierungsmöglichkeiten Ihnen zur Verfügung stehen. Grundsätzlich ist es so, dass Sie Ihre **Struktur über bestimmte Kategorien aufbauen** können. Als einfache Klassifikationsschemata bieten sich an:

▸ nach der Kaffeestärke: einfacher bzw. doppelter Mokka (→ Abb. 50),
▸ nach Zutaten: Kaffeeobers, Milch, Schlagobers, Alkohol usw. (→ Abb. 51),
▸ nach der Art des Trinkgefäßes: kleine bzw. große Tasse, Häferl und
▸ nach dem Bekanntheitsgrad (kennt jeder, kennt man vielleicht, kennt niemand) (→ Abb. 52).

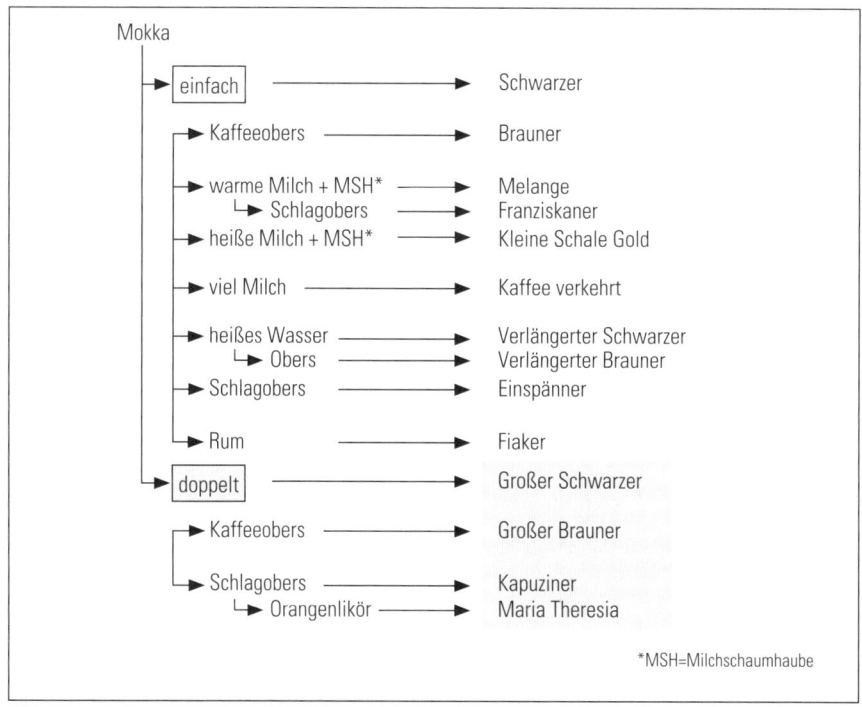

Abbildung 50: Wiener Kaffeespezialitäten 1

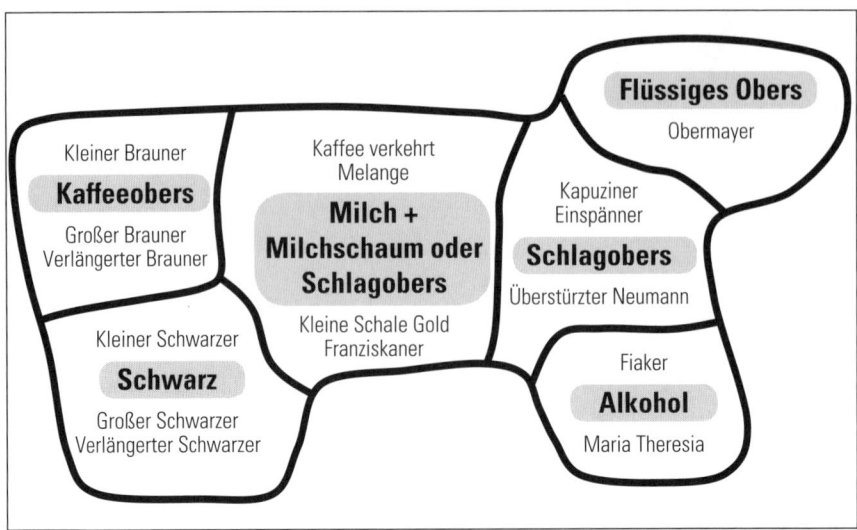

Abbildung 51: Wiener Kaffeespezialitäten 2

1. Kennt jeder
- *Schwarz:* groß (doppelter Mokka), klein (Mokka), verlängert (große Schale, Wasser)
- *Braun:* groß, verlängert (mit Kaffeeobers)
- *Melange:* große Schale mit Milch und Milchschaum

2. Kennt man vielleicht
- *Einspänner:* Schlagobers, Staubzucker extra
- *Fiaker:* mit Rum
- *Kaffee verkehrt:* sehr viel Milch (caffè latte)

3. Kennt niemand
- *Kleine Schale Gold:* Milch mit Milchschaum
- *Franziskaner:* Melange mit Schlagobers
- *Kapuziner:* doppelter Mokka mit Schlagobers
- *Überstürzter Neumann:* Schlagobers, dann doppelter Mokka
- *Obermayer:* doppelter Mokka mit kaltem Obers
- *Maria Theresia:* doppelter Mokka mit Schlagobers und Orangenlikör

Abbildung 52: Wiener Kaffeespezialitäten 3

Der Aufbau der Struktur folgt bei diesen **drei Beispielen einer einzigen Kategorie.** Kaffeestärke (Abb. 50) und Zutaten (Abb. 51) sind inhaltliche Kategorien,
die Differenzierung nach dem Bekanntheitsgrad (Abb. 52) ist nicht inhaltlich
abgeleitet, hat aber möglicherweise eine gewisse Originalität. Vergegenwärtigt

man sich, dass die einzelnen Kategorien als Abruf- bzw. Rekonstruktionshilfe fungieren, dann lassen sich in der Regel über die sechs Zutaten mehr Kaffeesorten erinnern als über zwei Kaffeestärken. Diese Überlegung wird auch durch den Umstand verstärkt, dass die Zahl der Einzelelemente bei sechs Kategorien in der Regel deutlich kleiner ist als bei nur zwei Kategorien.

Würde man nun aus diesen Überlegungen ableiten, dass die **Zahl der Kategorien** möglichst groß sein sollte, so würde man möglicherweise einem Fehlschluss erliegen. Die sechs Zutaten sind wahrscheinlich an der Grenze dessen, was gut erinnerbar ist. Sieben, acht oder neun verschiedene Zutaten – beispielsweise über die Verfeinerung Milch + Milchschaum, Milch + Schlagobers – würden eine neue Problematik aufwerfen, denn nun wäre die Anzahl der Kategorien so groß, dass es vermutlich schwer fiele, diese vollständig zu erinnern. Somit lässt sich festhalten, dass die Bestimmung der Kategorie(n) folgenden Kriterien entsprechen sollte:

▸ **inhaltliche Spezifikation:** Welche Kategorien bilden besonders gut die zu lernenden Inhalte ab?

▸ **zahlenmäßige Spezifikation:** Welche Anzahl von Kategorien ist gut memorierbar?

Neben diesen Ein-Kategorien-Strukturen sind auch **Mehr-Kategorien-Strukturen** denkbar. In Abb. 53 findet sich eine Matrix-Darstellung, die die Kategorien „Zutaten" und „Kaffeestärke" verbindet. Es ergibt sich eine Unterteilung in neun Bereiche, wobei es durchaus nicht gesichert ist, dass diese Differenzierung auch gut memorierbar ist. Denkbar ist, dass diese Differenzierung zu fein ist und als solche nicht besonders leicht zu erinnern ist. Dies kann allerdings auch mit der Intensität der inhaltlichen Auseinandersetzung zusammenhängen, und so ließe sich vermuten, dass diejenigen Lernenden, die bereits über ein hohes Maß an Vorwissen verfügen oder aber sich besonders intensiv mit dem Thema beschäftigt haben, von einer derartigen Darstellung profitieren.

	schwarz	mit Milch/Obers	Spezial
klein (1 Mokka)	• Kleiner Schwarzer	• Kleiner Brauner • Kleine Schale Gold (kleiner Brauner mit Milchschaum)	• Kaffee verkehrt (mehr Milch als Kaffee) • Einspänner (Schlagobers, Staubzucker) • Fiaker (Rum)
groß (2 Mokka)	• Großer Schwarzer	• Großer Brauner • Kapuziner (mit Schlagobers)	• Überstürzter Neumann • Obermayer • Maria Theresia (Orangenlikör)
verlängert (Mokka + Wasser)	• Verlängerter Schwarzer	• Verlängerter Brauner • Melange (Milchschaum) • Franziskaner (Schlagobers)	

Abbildung 53: Wiener Kaffeespezialitäten 4

Eine weitere Möglichkeit der Darstellung besteht darin, die einzelnen Zutaten sowie die Kaffeestärken **visuell** abzubilden (→ Abb. 54). Auch hier die Herausforderung vor, die visuellen Darstellungen sowohl von der Art der Einzeldarstellung als auch von der Anordnung derselben nicht zu überladen.

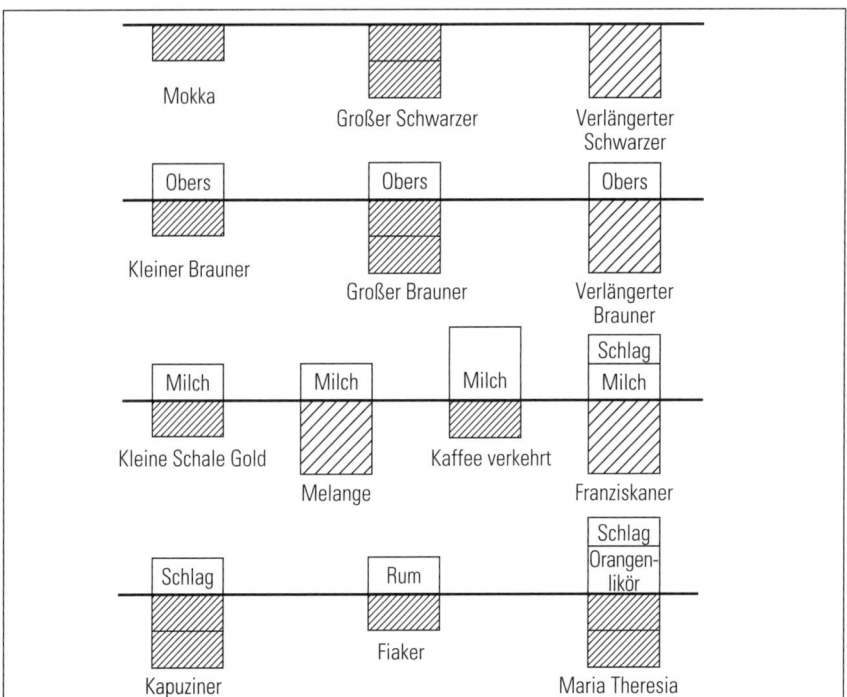

Abbildung 54: Wiener Kaffeespezialitäten 5

Neben diesen Möglichkeiten der Strukturierung, die sich noch vielfältig erweitern lassen, gibt es weitere Möglichkeiten, wesentliche Aspekte der Wiener Kaffee-Spezialitäten zu erfassen. Dies sind beispielsweise:

▸ **Exemplarisches Vorgehen:** Beispiele liefern eine Vorstellung von typischen Kaffeespezialitäten. Der *Kleine Schwarze* steht für die Kaffeespezialitäten ohne weitere Zutaten, der *Kapuziner* für diejenigen mit Milch, Kaffee- oder Schlagobers und der *Fiaker* für diejenigen mit Alkohol.

▸ **Reduktion über Praxis:** In jedem Wiener Kaffeehaus werden Sie diese Kaffeespezialitäten bestellen können: den *Kleinen Schwarzen,* den *Großen Braunen* und die *Melange.* Wenn Sie sogar auf zwei Spezialitäten reduzieren möchten, dann sind der *Große Braune* und die *Melange* die richtige Wahl.

▸ **Extremreduktion:** Extrem zu reduzieren heißt, Inhalte radikal zu konzentrieren – in einem Satz, einem Beispiel oder einer Kurzdarstellung. Die *Maria Theresia* ist die typische Wiener Kaffeespezialität: ein Kaffee (hier: doppelter Mokka) mit einem Milchprodukt (hier: Schlagobers) und zusätzlich Alkohol (hier: Orangenlikör).

▸ **Metapher:** Eine Wiener Kaffeespezialität ist wie ein Cocktail. Vor Ihnen stehen die Zutaten: ein großes Glas Mokka, warme Milch, geschäumte Milch, Kaffeeobers, flüssiges Obers, Schlagobers, Rum und Orangenlikör. Kombinieren Sie bitte!

4.6 Beispiel: 16 Bundesländer

Das nun folgende Beispiel handelt von den 16 deutschen Bundesländern. Angenommen, es ginge darum, sich die Namen und die Lage der einzelnen Länder einzuprägen. Die Darstellung, wie Sie sie häufig in Landkarten finden (→ Abb. 55), ist möglicherweise für das Einprägen dieser Informationen nur begrenzt geeignet. Anstelle dieser Umrißzeichnung mit ihrer maßstabgetreuen Darstellung ist es auch denkbar, die einzelnen Strukturelemente der Bundesländer in einer Art **Strukturschema** oder **Strukturkarte** (→ Abb. 56) besonders hervorzuheben.

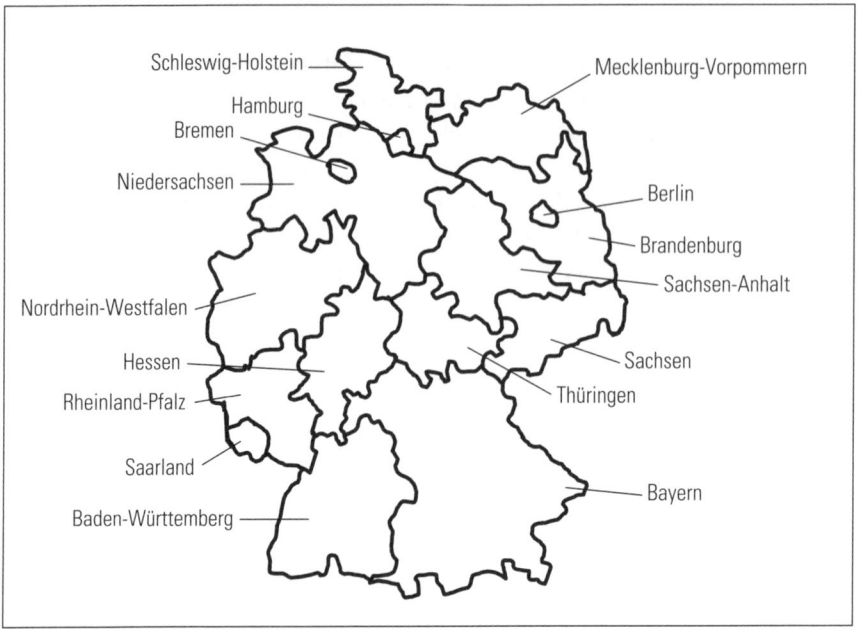

Abbildung 55: Die deutschen Bundesländer – eine Umrisszeichnung

In dieser Darstellung wird weitgehend von Größe und Form abstrahiert. Obgleich das Strukturschema zunächst recht fremd anmutet, leistet es für das Organisieren und Erinnern der Bundesländer eine wertvolle Hilfe. Zwei Anmerkungen vorweg: Die Städte Berlin, Hamburg und Bremen sowie das Saarland als kleine Bundesländer werden zunächst außen vor gelassen. Dann entsteht eine Struktur aus zwölf kleinen Parallelogrammen, die es in **Substrukturen** zu entdecken und zu organisieren gilt:

▸ Der „Rhein" kommt in den Namen zweier Bundesländer links außen vor: Nordrhein-Westfalen und Rheinland-Pfalz.

▸ Drei Länder führen „Sachsen" in ihrem Namen und bilden eine spezielle Struktur: Niedersachsen, Sachsen-Anhalt und Sachsen.

▸ Fünf Länder mit einem Doppelnamen bilden die linke und obere Grenze der Struktur: Baden-Württemberg, Rheinland-Pfalz, Nordrhein-Westfalen, Schleswig-Holstein und Mecklenburg-Vorpommern.

▸ Unten bilden Baden-Württemberg und Bayern eine Zweier-Struktur, oben Schleswig-Holstein und Mecklenburg-Vorpommern das entsprechende Gegenstück.

▸ Die neuen Bundesländer bilden eine Fünfer-Struktur.

▸ Zwei Vierer-Strukturen – von Nordrhein-Westfalen bis Brandenburg sowie von Rheinland-Pfalz bis Sachsen – sind ebenfalls zu entdecken.

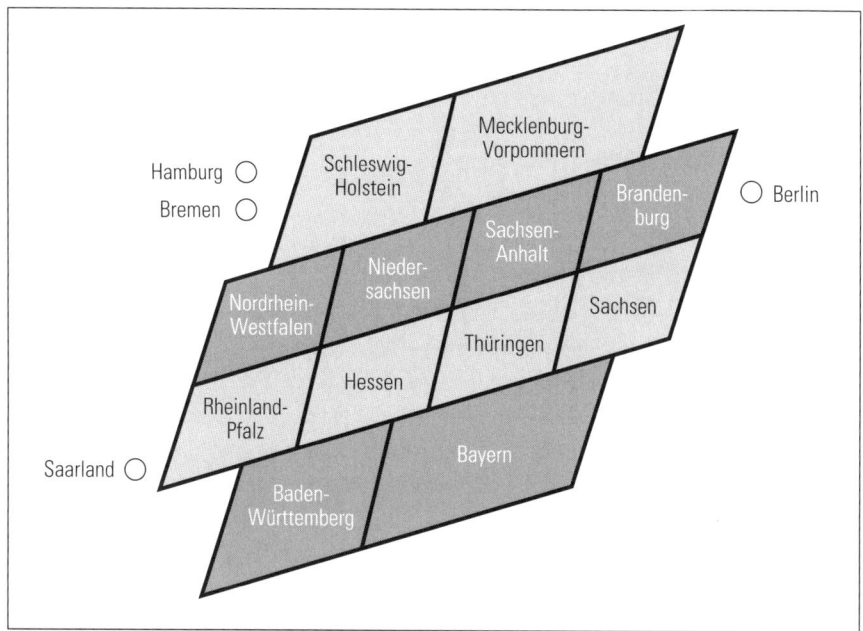

Abbildung 56: Die deutschen Bundesländer – ein Strukturschema

Das Strukturschema zeigt eine mögliche Art der Aufbereitung, die besonders auf gute Abrufhilfen setzt. So gibt es einerseits eine Abrufhilfe auf der übergeordneten Bundesländer-Ebene – jenes doppelte Parallelogramm – als auch die verschiedenen Substrukturen, die jeweils mit einer bestimmten Logik der Erklärung versehen sind. Insgesamt gibt es immer mehrere Varianten, die Lage und mittelbar auch die Namen der Bundesländer zu rekonstruieren.

5 Prüfungsinhalte memorieren

Inhalt

Zusammenfassung

Wissen zu elaborieren (5.1), bedeutet, es auf eine bestimmte Weise „weiterzuverarbeiten", beispielsweise das neu erworbene Wissen mit dem Vorwissen zu verknüpfen, Strukturen aufzuzeigen oder das Wissen in praxisnahen Situationen anzuwenden. „Wissen ‚breittreten'" ist eine Metapher für derartige Transformationsleistungen. Wiederholen und Üben (5.2) sind bei Lernprozessen unabdingbar, wobei das Lernen durch Wiederholung in der Regel kein passives Repetieren, sondern ein intensiver Prozess ist, bei dem das „Wieder-holen" als aktive Suchbewegung interpretiert werden kann. Am Beispiel des Wiener Kaffee-ABCs (5.3) wird dies ausgeführt.

5.1 Wissen „breittreten": Elaborieren, Anreichern, Verbreitern

In der wissenschaftlichen Literatur finden Sie den Terminus **„Elaborieren"**, wenn es darum geht, das Prüfungswissen differenziert auszuarbeiten. Dies kann auf vielfältige Weise geschehen, etwa indem Sie das neu erworbene Wissen mit Ihrem Vorwissen verknüpfen, es mit eigenen Worten zusammenfassen, Sachverhalte hinterfragen, Strukturen aufzeigen und das Wissen in praxisnahen Situationen anwenden. Es kann auch bedeuten, dass Sie neue Begriffe, Aussagen oder Konzepte anhand von Beispielen verdeutlichen oder sie mithilfe von Analogien und Metaphern veranschaulichen. Nicht zuletzt können Sie auch Beziehungen zwischen verschiedenen Wissensbereichen aufzeigen und reflektieren. Wenn Sie Wissen elaborieren, geht es also im weitesten Sinne darum, es in einer bestimmten Weise „weiterzuverarbeiten" und dabei auch inhaltliches Neuland zu erschließen. Insofern ist die Metapher vom **„Wissen ‚breittreten"** als Charakterisierung für eine derartige Transformationsleistung durchaus zutreffend.

Zitat 18: Verena STEINER – Elaborieren (2013)

„Die Elaboration bildet den eigentlichen Kern des Lernprozesses. Es ist die große Auseinandersetzung mit dem Lernstoff, das Erarbeiten, Präzisieren und Begreifen."[115]

Für das Elaborieren sprechen zwei Überlegungen, die wir bereits früher angestellt haben (→ Kap. 2.2, 2.3):

▸ **„Levels of processing" bzw. Verarbeitungstiefe:** Elaborieren (lat. elaborare) bedeutet, „etwas differenziert bzw. sorgfältig ausarbeiten". Von daher steht Elaborieren für eine vertiefte Auseinandersetzung mit den jeweiligen Inhalten, die es auch ermöglicht, diese Inhalte mit weiteren Informationen anzureichern. Wer Wissen elaboriert, vertieft es, indem er sich mit diesem Wissen intensiv beschäftigt und es dabei auch gründlich reflektiert. In den Worten von Alain LIEURY: „Alles in allem stärkt das übliche Auswendiglernen lediglich das lexikalische Gedächtnis, während man zum Lernen von Bedeutungen, zum Aufbau des semantischen Gedächtnisses, die Episoden vervielfachen müsste."[116]

▸ **Keine Lerntyp-spezifische, sondern eine vielfältige Verankerung des Wissens:** Wichtig ist, dass Sie nicht versuchen, ausschließlich auf die eine, für Sie „richtige" Art zu lernen, sondern die Inhalte möglichst vielfältig zu vernetzen und zu verarbeiten. Je vielfältiger und intensiver Sie einen Lerninhalt verankern, desto größer auch die Chance, diesen bei Bedarf abrufen zu können. Einen Lerninhalt auf vielfältige Weise zu verankern und zu vernetzen, könnte etwa bedeuten, dass Sie einen Sachverhalt über eine zentrale Bedeutung, die Einbettung in einen größeren Zusammenhang, den Bezug zu einer bestimmten Systematik, eine typische Handlungssituation und eine visuelle Merkhilfe speichern.

Bereits 1983 hat Hans AEBLI darauf aufmerksam gemacht, das ein erstmalig konstruiertes Wissen bzw. die dazu gehörenden Strukturen zuerst **„durchgearbeitet"** werden müssen, um sie nachvollziehbar und abrufbar zu machen. AEBLI verweist damit auf die Notwendigkeit, die relevanten Wissensstrukturen nicht nur einmalig, sondern durchaus mehrfach aufzubauen, und zwar in qualitativ unterschiedlicher Weise.[117] Zudem besteht ein enger Zusammenhang zwischen dem „Breittreten" von Wissen und dem Wiederholen, den GERRIG/ ZIMBARDO wie folgt beschreiben: „Eine allgemeine Strategie, um das Enkodieren zu verbessern, ist **elaborierendes Wiederholen.** Die Grundidee dieser Technik ist, während des Wiederholens der Information – beim erstmaligen

Einprägen in das Gedächtnis – diese zu elaborieren, um das Material für das Enkodieren reichhaltiger zu gestalten."[118]

Zitat 19: Alain Lieury – Tiefes Verarbeiten (2013)

„Je mehr Analyse, Interpretation, Vergleich und Ähnliches in der Informationsverarbeitung stattfinden, desto besser prägt sich die Information im Gedächtnis ein."[119]

Insgesamt gilt also: Je höher der **Elaborationsgrad** des erworbenen Prüfungswissens ist, das heißt, je vielfältiger das Wissen ausgearbeitet ist, desto leichter kann auf die entsprechenden Inhalte zugegriffen und können diese abgerufen werden. Dies konnte auch empirisch bestätigt werden: In einer Studie von Jenkins/Dixon konnte gezeigt werden, „dass ein Begriff in kurzen Texten umso besser verstanden wird, in je mehr unterschiedliche Kontexte er eingebettet wird. Mindestens sechs verschiedene Zusammenhänge sind nötig, damit sich der Bedeutungsraum spürbar erweitert."[120]

Wenn Wissen differenziert ausgearbeitet, das heißt elaboriert wird, dann spielt das **Vorwissen** dabei eine bedeutsame Rolle. Je differenzierter das vorhandene Vorwissen, desto leichter fällt die Wahrnehmung und Integration des Neuen. Ein professioneller Musiker wird bei einem Konzert viele Feinheiten wahrnehmen, zum Beispiel die Art der Instrumentierung, der Stimmführung und Details in der Interpretation. Musikalische Laien hingegen werden bestenfalls wahrnehmen, dass sie das Stück „irgendwie kennen" (oder auch nicht), eventuell auch noch einen diffusen Gesamteindruck davon haben, „wie das Stück geklungen hat".[121] Für konkrete Erinnerungen bedarf es daher einer entsprechenden Wissensbasis. Sofern Sie also nicht über eine große Menge an fachspezifischem Vorwissen verfügen, ist es angeraten, dass Sie – so oft wie möglich – Verbindungen zu bereits Bekanntem herstellen und das neue Wissen somit quasi „einbetten".

Zitat 20: Will Thalheimer – Several different connections (2006)

„Every piece of knowledge stored in memory is connected to other pieces of information in a web-like arrangement. The more connections a piece of information has, the more likely it will be retrieved when it is required. Thus, if a piece of information is learned in several different ways or at several different times, it is likely to have more connecting pathways than if it is learned under less diverse conditions."[122]

Im Folgenden wird ein **Kategorienmodell des Elaborierens** zusammengestellt. Dabei handelt es sich um ein heuristisches Modell, das nicht den Anspruch erhebt, trennscharf zu differenzieren. Grundsätzlich lassen sich alle Aktivitäten so ausrichten, dass die Verarbeitungsprozesse möglichst intensiv, also eher tiefenorientiert denn oberflächlich vollzogen werden. Statt des eher rezeptiven Durchlesens und Anschauens ist also das eher aktive gezielte, kriterienorientierte oder hinterfragende Lesen und Wahrnehmen gemeint:

Verstehen

▸ Sachverhalte nachvollziehen und begreifen, dabei Zusammenhänge erfassen;
▸ unklare, missverständliche oder schlicht schwierige Gesichtspunkte nachlesen und klären;
▸ mit anderen Lehrbüchern zum Thema vergleichen: Übereinstimmungen und Unterschiede in Bezug auf den Inhalt und seine Anordnung bzw. Gliederung.

Verknüpfen

▸ Neues mit Bekanntem verknüpfen: Verbindungen zu bereits Bekanntem herstellen und das neue Wissen „einbetten";
▸ Assoziationen bilden, d. h. feststellen und vergleichen, was man vorher zu dem Thema gewusst und gedacht hat.

Fragen

▸ Sachverhalte in Frageform klären und reflektieren: Fragen stellen und beantworten, ggf. zusätzliches Wissen hinzuziehen;
▸ (mögliche) Prüfungsfragen formulieren.

Konzentrieren bzw. Reduzieren

▸ Sachverhalte auf den Punkt bringen, Wesentliches herausarbeiten;
▸ Texte aufbereiten, d. h. markieren und mit Anmerkungen versehen, ggf. auch Passagen streichen;
▸ wesentliche Ideen, Aussagen, Gesetze usw. erarbeiten und in konzentrierter Form darstellen, ggf. auch mit einer Überschrift (Titel, Kategorie) versehen;
▸ zusammenfassen: Stichpunkte notieren, Exzerpte bzw. Zusammenfassungen anfertigen, Mini-Essays oder Pressenotiz schreiben;
▸ Stoff „sieben": Inhalte anhand von Kriterien priorisieren, z. B. mit den „Sieben der Reduktion";
▸ Stichworte für einen kurzen Vortrag notieren, ggf. anschließend auch halten;

▸ Lernkarten mit den wichtigsten Begriffen, Aussagen oder Konzepten erstellen.

Erklären
▸ Paraphrasieren, d. h. den Stoff sinngemäß in eigenen Worten wiedergeben;
▸ einzelne Inhalte (einer anderen Person) erklären, erläutern und diskutieren, dazu Fragen stellen und ggf. eine Position beziehen;
▸ Selbstgespräche führen, dabei Dinge hinterfragen und zusammenfassen.

Visualisieren
▸ Zusammenhänge, Abläufe und Fakten veranschaulichen, d. h. Grafiken und Bilder anfertigen;
▸ Wissen ordnen und darstellen, z. B. als Strukturkarte (kategorial, hierarchisch, prozessual), Schema, Netzplan, Mind-Map oder Modell;
▸ Inhalte beispielhaft veranschaulichen, d. h. in Bildern sprechen, konkrete Situationen beschreiben;
▸ Vergleiche, Analogien und Metaphern finden.

Einschätzen
▸ Sachverhalte anhand von Kriterien bewerten;
▸ Vorteile und Nachteile erläutern, dabei gewichten und bewerten;
▸ Besprechungen (z. B. von Büchern) anfertigen;
▸ einen eigenen Standpunkt finden und formulieren;
▸ Bewertungen mit denen anderer Personen vergleichen.

Präzisieren
▸ Genau sein, z. B. Definitionen liefern, Sachverhalte detailgenau beschreiben;
▸ Unterlagen, z. B. Handouts, ergänzen.

Fachlich denken (= reflektieren)
▸ Größere Zusammenhänge erfassen und vielfältige Bezüge herstellen;
▸ Informationen kritisch hinterfragen, z. B. Gegenargumente aufstellen;
▸ Hypothesen bilden und überprüfen;
▸ nach missbräuchlichen Anwendungen, Fehlinterpretationen Ausschau halten und diese reflektieren;
▸ Lerngegenstand anders strukturieren, z. B. Strukturkarte oder Text umbauen.

„Übersetzen"

▸ Überlegen, welche Inhalte auch für andere Zielgruppen (z. B. Techniker, Naturwissenschaftler, Juristen, Mediziner, Sozialwissenschaftler) bedeutsam sein könnten;
▸ verschiedene Perspektiven einnehmen: theoretisch oder anwendungsorientiert, aus der Sicht eines bestimmten Paradigmas bzw. einer bestimmten Theorie;
▸ Verbindungen zur Alltagswelt herstellen;
▸ schwer zu beantwortenden Fragen, z. B. für einen Studienkollegen, aufstellen.

Aufgaben bearbeiten

▸ Etwas üben, z. B. Aufgaben rechnen;
▸ Beispiele und Anwendungen überlegen und durcharbeiten;
▸ mündliche Prüfung im Rollenspiel simulieren.[123]

Situativ einbetten

▸ Praktisches Handeln anhand von realen Problemen überlegen, d. h. Fallbeispiele, Übungen und Simulationen, die auf das Handeln in der Praxis vorbereiten;
▸ Checklisten und Vorgehensmodelle (= Rezepte) für das konkrete Handeln entwickeln.

Persönlichen Bezug herstellen

▸ Möglichen persönlichen Nutzen aus dem Lernstoff reflektieren: Bringt mich etwas erkenntnismäßig weiter? Kann ich etwas praktisch brauchen und ggf. gleich anwenden?
▸ überprüfen, inwieweit eigene Annahmen oder Überlegungen bestätigt oder widerlegt werden;
▸ gegen Annahmen, Aussagen oder Behauptungen aus einer persönlichen Sicht heraus argumentieren.
▸ sich mit anderen Personen, z. B. Studienkollegen, hinsichtlich des Lernstoffs auseinandersetzen.

Zitat 21: Christoph Metzger – Komplizierte, abstrakte oder fremde Inhalte (2000)

„Wenden Sie die Strategie ‚Informationen anreichern' besonders an, wenn das, was Sie lernen sollen, für Sie recht kompliziert, abstrakt oder fremd ist (...) oder wenn Sie wissen, dass es Ihnen in Prüfungen schwerfällt, eigene Gedanken zu entwickeln und so genannte ‚Denkfragen' zu lösen."[124]

Eine Form des „Breittretens" bzw. der Übersetzungsleistung ist das **Herstellen eines persönlichen Bezugs.** Dabei kann es sich um einen praktischen Nutzen oder eine eher theoretische Auseinandersetzung mit bestimmten Annahmen, Modellen oder Theorien handeln. Jedenfalls ist der Stellenwert einer subjektiven Orientierung für das Lernen inzwischen auch gut nachgewiesen. Die lernstützende Wirkung der „self reference" (= Selbstbezogenheit) hält dazu an, wo immer möglich, persönliche Bezüge herzustellen und weiterzuentwickeln.[125] Beispiel: Einzelne medizinische Daten (z. B. Blutdruckwerte, Namen von Medikamenten) werden zu einer Information (z. B. Handlungsanleitung, wissenschaftliche Publikation), indem sie in einem bestimmten Kontext organisiert werden. Persönliches Wissen (z. B. ein konkretes Handlungsprinzip im Umgang mit Hypertonie) entsteht dann über den Bezug zur eigenen Praxis.

Alle bezeichneten Lernaktivitäten sind grundsätzlich geeignet, um das Wissen „breitzutreten". Die Intensität der Verarbeitungsprozesse hängt dabei nicht nur von der Art der Lernhandlung ab, sondern auch vom jeweiligen Inhalt. In vielen Fällen agieren Sie quasi als Übersetzer bzw. Dolmetscher, das heißt, Sie **transformieren einen Lerngegenstand von einer Form in eine andere.** Wichtig dabei ist weiter, dass Sie die vorgeschlagenen Aktivitäten nicht nur gedanklich tun, sondern sie durch Sprechen und Schreiben sozusagen entäußern (→ Zitat 22). Der freundliche Hinweis, einen Sachverhalt zu verschriftlichen oder zu versprachlichen, kann dazu beitragen, dass auch Ihr Denken vorankommt.

Zitat 22: Martin Krengel – Stift und Papier (2012)

„Es ist leichter, im Gespräch einen Gedanken unverbindlich zu äußern, als diesen in einem Text griffig zu formulieren. (...) Das Schreiben schafft einen Spiegel der eigenen Gedanken. (...) Stift und Papier sind einfach besser zum Denken als der Computer!"[126]

Im Folgenden wird das Elaborieren an zwei Fällen demonstriert:

▸ **Thermodynamik:** Dieses Fach findet sich in vielen ingenieurwissenschaftlichen Studiengängen. Es gilt als nicht ganz einfach, und so sind vielfache Elaborationen nicht nur für das Memorieren, sondern auch für das Verstehen hilfreich. Im Beispiel (→ Abb. 57) finden sich neben Verständnisfragen (z. B. Wirkungsgrad) praktische Anwendungen (z. B. Wärmepumpe) und fachliche Vertiefungen (z. B. reversible Prozesse).

▸ **Coaching:** Dies ist ein handlungsorientierter Ansatz, bei dem vor allem die dahinterstehende Haltung bedeutsam ist. Von daher setzen die Elaborationen (→ Abb. 58) Schwerpunkte bei den Mechanismen der Wahrnehmung (z. B. Bewusstseinsrad), zugehörigen Konzepten (z. B. Landkarten-Modell) und praktischen Techniken (z. B. Handlungsmuster-Unterbrechung).

Erklären: Funktionsweise von Wärme-Kraftmaschinen (WKM) und Kraft-Wärme-maschinen (KWM) erläutern

WKM: Wärme in mechanische Energie umwandeln
KWM: mechanische Energie in Wärme umwandeln

Visualisieren: Wärmepumpe für technische Laien anschaulich machen

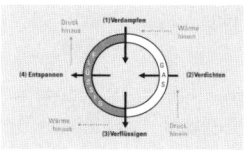

Situativ einbetten: Praktische Anwendungen angeben

WKM: Dampfmaschine, Verbrennungsmotor
KWM: Kühlschrank, Wärmepumpe

„Übersetzen": 2. Hauptsatz der Thermodynamik anschaulich machen

Wärme fließt von selbst (ohne äußeres Zutun) nur vom wärmeren zum kälteren Reservoir

Verstehen: Grundfragen beantworten

Was ist der Wirkungsgrad? Gibt es hierfür eine Obergrenze?

Fachlich denken: Vertiefungsfragen beantworten

Warum werden in Maschinen reversible Prozesse nicht ausgenutzt, obwohl diese den höchsten Energiegewinn versprechen?

Abbildung 57: Elaborieren 1 – Wärme-Kraftmaschinen, Entropie (Physik)[127]

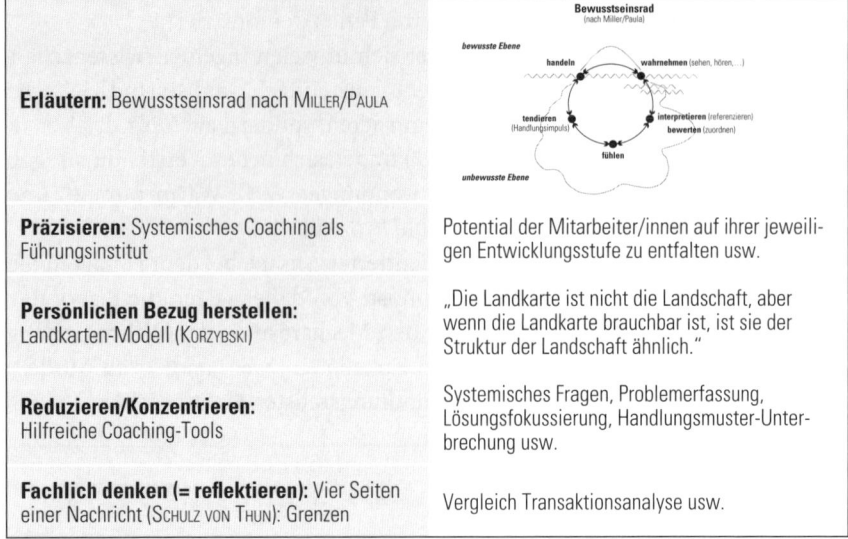

Erläutern: Bewusstseinsrad nach MILLER/PAULA	
Präzisieren: Systemisches Coaching als Führungsinstitut	Potential der Mitarbeiter/innen auf ihrer jeweiligen Entwicklungsstufe zu entfalten usw.
Persönlichen Bezug herstellen: Landkarten-Modell (KORZYBSKI)	„Die Landkarte ist nicht die Landschaft, aber wenn die Landkarte brauchbar ist, ist sie der Struktur der Landschaft ähnlich."
Reduzieren/Konzentrieren: Hilfreiche Coaching-Tools	Systemisches Fragen, Problemerfassung, Lösungsfokussierung, Handlungsmuster-Unterbrechung usw.
Fachlich denken (= reflektieren): Vier Seiten einer Nachricht (SCHULZ VON THUN): Grenzen	Vergleich Transaktionsanalyse usw.

Abbildung 58: Elaborieren 2 – Coaching (Psychologie)

Zudem sei noch auf einige **spezielle Formen des Elaborierens** hingewiesen. Die lernbegleitenden Fragen (→ Infotafel 19) zeigen verschiedene inhaltliche Zugänge zum Prüfungsstoff auf. Darüber hinaus gibt es spezielle Elaborationen für Texte (→ Infotafel 20) und Bilder (→ Infotafel 21). Das Stufenmodell für die Elaboration von Texten nimmt dabei eine Unterscheidung nach der Intensität bzw. Tiefe der Verarbeitung vor.

Infotafel 19: Lernbegleitende Fragen (nach FRIEDRICH/BALLSTAEDT)

„Fragen nach wichtigen Begriffen
▸ Welches sind die wichtigsten Begriffe, die wichtigsten Ideen?
▸ Was bedeuten sie? Habe ich sie richtig verstanden?
Fragen, die Beziehungen stiften
▸ Welche Beziehungen bestehen zwischen den zentralen Begriffen?
▸ Welche Funktion hat dieser Abschnitt im Gedankengang des Verfassers?
▸ Handelt es sich bei diesem Abschnitt um eine Behauptung, einen Beleg, ein Beispiel oder um eine Schlussfolgerung?
▸ Worin sind sich A und B ähnlich, und worin unterscheiden sie sich?
▸ Was sind die Stärken und Schwächen der Theorie XY?

▸ Wie beeinflusst der Sachverhalt A den Sachverhalt B?

▸ Wie passt diese Information zu dem, was ich bisher gelernt habe?

▸ Lässt sich das Gesagte in eine klare zeitliche Ordnung (Schritt 1 – Schritt 2 – Schritt 3, vorher – nachher, Ursache – Wirkung) bringen?

Fragen, die sich auf unklare Stellen beziehen

▸ An welchem Punkt liegen meine Verständnisprobleme?

▸ Was weiß ich jetzt ziemlich sicher, worin bin ich mir noch unsicher?

▸ Ist mir ein ähnliches Problem schon in einem anderen Wissensgebiet begegnet?"[128]

Infotafel 20: Texte elaborieren – ein Stufenmodell (nach HOFMANN/LÖHLE)

„1. Individuell-formal: Auf einer ersten Stufe der Elaboration kann man einen Text eher formal-syntaktisch bearbeiten, man kann dazu z. B.:

▸ den Text durchlesen

▸ den Text abschreiben

▸ Textteile unterstreichen

▸ Synonyme für bestimmte Begriffe finden.

2. Individuell-semantisch, eher niedrig: Man kann auf einer weiteren Stufe dann den Text eher semantisch bearbeiten, indem man z. B.:

▸ den Text zusammenfasst

▸ einzelne Passagen in eigenen Worten herausschreibt

▸ überflüssige Textteile (Beispiele, Wiederholungen…) durchstreicht

▸ metakognitive Aussagen über den eigenen Wissensstand in Bezug auf den Text formuliert, wie z. B.: ‚Ich habe … noch nicht verstanden', ‚Den Vergleich … verstehe ich nicht', ‚Diesen Abschnitt habe ich voll verstanden'

▸ eigene Überschriften zu einzelnen Passagen formuliert.

3. Individuell-semantisch, eher hoch: Auf einer weiteren Stufe der Verarbeitung kann man einen Text semantisch noch intensiver bearbeiten, indem man z. B.:

▸ Verbindungen zu persönlichen Erfahrungen sucht

▸ mögliche Anwendungen sucht

▸ eine fiktive Pressenotiz/Buchbesprechung zu dem Text schreibt

▸ überlegt, was man davon verfilmen könnte

▸ Analogien sucht

▸ Kritik am Text formuliert

▸ die zentralen Punkte des Inhalts auf eine Kassette spricht (dadurch nutzt man auch noch den auditiven Kanal)
▸ einen Spickzettel zu dem Text erstellt (…)
▸ den Inhalt visualisiert (…)
▸ die Struktur des Textes transparent macht (…)
▸ Fragen zum Text entwirft (z. B. ‚Welche Fragen könnten in der Prüfung drankommen?').

4. In der Gruppe: Unter gewissen Voraussetzungen kann auch Gruppenarbeit sehr nützlich dazu sein, die Elaboration eines Textes zu verstärken. Man merkt sich das besonders gut, was man anderen erzählt hat. (…) Man kann in der Gruppenarbeit z. B.:
▸ den Text jemandem erklären
▸ jemandem über den Text berichten
▸ aus dem Text die zwei wichtigsten Sätze heraussuchen und diese dann mit den von anderen herausgesuchten Texten vergleichen
▸ den Text präsentationsreif vorbereiten
▸ den Text präsentieren."[129]

Infotafel 21: Bilder elaborieren (nach Friedrich/Ballstaedt)

„Eine sehr lernwirksame Strategie ist der aktive Umgang mit einem Bild. Der Lernende beschränkt sich nicht auf das reine Betrachten, sondern er macht mit dem Bild etwas, bezieht es in verschiedene Tätigkeiten ein:
▸ **Anmalen.** Strichzeichnungen lassen sich bunt ausmalen, wobei den Farben auszeichnende oder diskriminative Funktion zukommen sollte. Beispiel: Verschiedene Informationsflüsse unterschiedlich kennzeichnen.
▸ **Beschriften.** Die einzelnen Bestandteile von Abbildungen oder Visualisierungen werden beschriftet. Die Benennungen kann der Begleittext liefern.
▸ **Explorieren.** Bilder können mit der Lupe inspiziert oder teilweise abgedeckt werden. In interaktiven PC-Programmen können Bilddetails angeklickt und damit vergrößert werden.
▸ **Vergleichen.** Nebeneinandergestellte Bilder lassen sich vergleichen und die Unterschiede markieren. Beispiel: Zwei Zustände (vorher/nachher, richtig/falsch) oder mehrere Versionen eines Produkts.
▸ **Abzeichnen.** Dies betrifft vor allem Visualisierungen, die aus dem Kopf skizziert werden können. Beispiel: Die verschiedenen Stufen eines Fertigungsganges aufzeichnen."[130]

5.2 Wiederholen und Üben: Die Techniken

Wenn Sie einen bestimmten Prüfungsstoff so lernen möchten, dass er in Prüfungssituationen gut abrufbar ist, werden Sie nicht umhin kommen, diesen Stoff auch zu **wiederholen**. Dieser Umstand ist bei praktischen Tätigkeiten absolut selbstverständlich und wird nicht bezweifelt: Skifahren lernt man durch Skifahren, Autofahren durch Autofahren und Vorträge halten durch das Halten von Vorträgen. Er gilt aber gleichermaßen auch für das Lernen von Wissen und den Aufbau entsprechender Kompetenzen. Lernen durch Wiederholung ist in der Regel kein passives Repetieren, sondern durchaus ein intensiver Prozess, bei dem das „Wieder-holen" als aktive Suchbewegung gelesen werden kann.

Zitat 23: Verena STEINER – Üben und Repetieren (2013)

„Wenn wir heute etwas lernen und nicht bereit sind, es in ausreichendem Maß zu verstehen oder etwas zu üben und zu repetieren, können wir es gleich von Anfang an weglassen oder zumindest auf einen Überblick reduzieren."[131]

Im Unterschied zur (einfachen) Wiederholung bezeichnet der Begriff **„Üben"** jenen Vorgang, „bei dem erworbene, aber noch unsichere erste Lernstrukturen durch mehrfache Wiederholungen stabilisiert werden sollen."[132] Mit Üben wird eine bestimmte Fertigkeit gefestigt und gestärkt. Von daher ist Üben immer auch ein Wiederholen, während die Umkehrung nicht gilt. Bei einmaligem Wiederholen spricht man in der Regel noch nicht von Üben. Trotz dieser Unterscheidung zwischen Wiederholen und Üben fällt die Abgrenzung nicht immer ganz leicht, was einsehbar ist, wenn man etwa an die Begriffe „wiederholende Übungen", „anwendende Übungen" und „vertiefende Übungen" denkt.

Zitat 24: Gunther KARSTEN – „Wieder-Holen" (2012)

„Der Begriff ‚Wieder-Holung' deutet ja schon auf den aktiven Prozess des Wieder(zurück)holens der Information hin."[133]

„Wiederholen" kann in unterschiedlichen Ausprägungen auftreten (→ Infotafel 22). Wiederholtes Lesen bzw. wiederholtes Hören etwa sind einfache Formen des Wiederholens, die in wohl nur geringem Maße mit einer aktiven Informationsverarbeitung einhergehen und daher auch besser zum sogenannten „Auswendiglernen" passen. Gestärkt wird hier vor allem das lexikalische Gedächtnis, während das semantische Gedächtnis eher durch Formen intensiverer Informationsverarbeitung gestärkt wird. Dazu zählen etwa die Neuorganisation, Umstrukturierung, Elaboration und Reduktion von Wissen.[134] Wirkungsvolle Wiederholungen geschehen also durch eine **subtile und möglichst vielfältige Auseinandersetzung mit dem Stoff** und setzen dabei auch auf unterschiedliche Kontexte bzw. Episoden.

Wiederholen und Üben werden sinnvollerweise auf eine gut überlegte Art praktiziert. Aus Untersuchungen an Musikern und Sportlern weiß man, dass neben Phasen des reinen Einübens **Elemente reflektierter Übung** („deliberate practice") wirksam sind.[135] „Diese Art der Übung ist (…) von besonderer Bedeutung, wenn die Lernenden bewusst auf Verbesserung, auf Feinabstimmung abzielen. Suboptimalitäten im Violinspiel werden meist nicht dadurch, dass man die holprigen Stellen einfach immer wieder spielt (‚übt‘), ausgemerzt, sondern dadurch, dass man gezielt und reflektiert an den Schwachstellen arbeitet."[136] Von daher geht es vorrangig darum, die angemessenen Lern- bzw. Wiederholungshandlungen gut zu überlegen und anschließend durchzuführen.

Infotafel 22: Stilles Wiederholen (rehearsal) und halblautes Wiederholen

„Wenn hier Wiederholen und rehearsal praktisch synonym verwendet werden, so deswegen, weil die Prozesse dieselben sind, mit dem kleinen Unterschied, dass ein Rehearsal-Prozess üblicherweise innerlich und still, Wiederholen dagegen äußerlich, halblaut oder laut abläuft. Ein solches innerliches Wiederholen ist es, wenn sich jemand eine Telefonnummer merken will und sich diese innerlich mehrmals vorsagt, bis er sie am Apparat gewählt hat. Die Information wird durch das innere Wiederholen im Arbeitsgedächtnis aufrechterhalten, weshalb man auch von einem maintaining rehearsal spricht. Dieser Prozess hat nur eine Wirkung, solange er aktiv ist. Sobald er abgebrochen wird, erlischt auch sein Effekt (decay). Allerdings lässt sich zeigen, dass die Anzahl der Rehearsal-Durchgänge einen Einfluss auf das längerfristige Behalten hat (…). Daraus hat man geschlossen, dass rehearsal keineswegs nur einen ‚erhaltenden‘ Effekt hat. Das lernende Individuum wiederholt nämlich nicht bloß, sondern verbindet spontan die wiederholte Information mit bereits vorhandenen Wissenselementen (…)."[137]

Zitat 25: Alain LIEURY – Abrufen (2013)

„Man kann nur dann etwas abrufen, wenn es etwas abzurufen gibt."[138]

Wiederholen kann auf unterschiedliche Weise geschehen. Prinzipiell gilt auch hier, dass **unterschiedliche Varianten des Wiederholens** zur Verfügung stehen. Im Unterschied zum „Breittreten" des Prüfungsstoffes, dem Elaborieren, ist es hier aber nicht „an sich" sinnvoll, diese Vielfalt auch uneingeschränkt zu nutzen. In manchen Fällen mag es eher angeraten sein, eine bestimmte Form des Wiederholens, z. B. das „Aufsagen", so lange zu praktizieren, bis man den gesamten Stoff mehrfach bearbeitet hat. Auf diese Weise lässt sich eine gewisse Intensität der Wiederholung sicherstellen. Danach können dann andere Formen des Wiederholens einbezogen werden. Grundsätzlich lassen sich die folgenden Formen des Wiederholens unterscheiden:

„Aufsagen"

▶ Stichworte zum Prüfungsstoff notieren und diesen dann anhand der Stichworte (frei) reproduzieren;

▶ sich den Stoff (laut oder leise) selbst „aufsagen": Orientieren kann man sich dabei an einer fachlichen Gliederung, einer Struktur (ggf. selbst erstellt), einer Stichwortliste oder möglichen Prüfungsfragen.

Aufgaben und Fragen

▶ Beispielaufgaben (wiederholt) lösen, dann auch neue Aufgabenstellungen einbeziehen;

▶ (mögliche) Fragen zum Stoff überlegen bzw. formulieren und diese dann beantworten; dabei auch bedenken, auf welche Weise die Prüfer bzw. die Prüferinnen möglicherweise fragen werden.

Wiederholen mit anderen

▶ Den Prüfungsstoff einem (fiktiven) Gesprächspartner (dem sog. Lern-Larry) in konzentrierter Form oder aber ausführlich erzählen: Es beginnt i. d. R. mit einem „Du, ich muss dir mal was erzählen", und anschließend versucht der Lerner, seinem Gesprächspartner (dem Lern-Larry) den Lernstoff – so gut wie möglich – zu erzählen. Automatisch stößt man auf jene Punkte, die man noch nicht wirklich gut erklären kann;

▶ Prüfungsstoff mit anderen Studierenden besprechen, diskutieren oder problematisieren.

Wiederholen mit Hilfsmitteln

▸ Einen bzw. mehrere Schummel- bzw. Schwindelzettel erstellen;
▸ Lernkartei mit einfachen oder erweiterten Karteikarten erstellen und durcharbeiten;
▸ Struktur-Lege-Technik: Kernelemente des Stoffes in einer Struktur darstellen und diese rekonstruieren.

Wiederholen und mehr

▸ Weiterführende Gedanken, die Sie zum Anreichern der Informationen entwickelt haben, nochmals durchgehen;
▸ offene Fragen klären, ggf. auch Notizen ergänzen;
▸ weitere Fragen zum Prüfungsstoff mit zugehörigen Antwortvorschlägen entwickeln.

Ein immer wieder empfohlenes Hilfsmittel ist die sogenannte **Lernkartei.** Auf die einzelnen Lernkarteikarten wird der zu lernenden Prüfungsstoff geschrieben, wobei es auch hier unterschiedliche Varianten gibt:

▸ **Einzel- oder Clusterinformationen:** Je nach Fachgebiet können eher einzelne bzw. isolierte Informationen notiert oder aber inhaltlich zusammengehörige Sachverhalte notiert werden. Beispiel: Beim Vokabellernen können einzelne Vokabeln oder Wortfelder, das heißt inhaltlich zusammenpassende Vokabeln, notiert werden (→ Abb. 59).
▸ **Form der Information:** Abhängig von jeweiligen Stoff kann es sich anbieten, Information in strukturierter (Aufzählungen, Kategorien, Abläufe usw.) oder grafischer Form (Modelle, Bilder usw.) aufzubereiten. Beispiel: Die vier Ebenen des Sozialisationsprozesses sind in einer hierarchischen Struktur dargeboten (→ Abb. 60)

- **Sorge**
  Doris hat keine Geldsorgen.
- **Sorge, Besorgnis, Angst**
  Keith hat endlich gelernt, mit seinen Angstgefühlen fertig zu werden.
- **emotional angespannt, nervös**

Vorderseite

- **worry**
  Doris hasn't got any money worries.
- **anxiety**
  Keith has finally learnt to cope with his anxiety.
- **tense**

Rückseite

Abbildung 59: Beispiel Lernkarteikarte – Vokabeln nach Themenfeldern (Englisch)[139]

Bezeichnen und erläutern Sie die vier **Ebenen des Sozialisationsprozesses** nach Geulen/Hurrelmann

Vorderseite

Strukturmodell der Sozialisationsbedingungen

Ebene	Komponenten (beispielhaft)
(4) Gesamtgesellschaft	ökonomische, soziale, politische, kulturelle Struktur
(3) Institutionen	Betriebe, Massenmedien, Schulen, Universitäten, Militär, Kirchen
(2) Interaktionen und Tätigkeiten	Eltern-Kind-Beziehung, schulischer Unterricht, Kommunikation zwischen Gleichaltrigen, Freunden, Verwandten
(1) Subjekt	Erfahrungsmuster, Einstellungen, Wissen, emotionale Strukturen, kognitive Fähigkeiten

Rückseite

Abbildung 60: Beispiel Lernkarteikarte – Sozialisationsebenen (Soziologie)

Die Karteikarten können Sie auf unterschiedliche Weise lernen – mit Lernkarteikasten oder ohne. Mit einem **Lernkarteikasten** (→ Abb. 61) können beispielsweise Vokabeln auf die folgende Weise gelernt werden:

- Lernkarteikasten: ca. 30 cm Länge,
- fünf Fächer mit einer Tiefe von 1, 2, 5, 8 und 14 cm (zusammen 30 cm),
- Karteikarten der Größe A7 (= halbe Postkarte), evtl. auch Größe A8,
- Vorgehensweise: einen Stapel Karten (z. B. 20) nehmen und diese wiederholen; grundsätzlich gilt: „Gekonntes" kommt in das nächste Fach, „Nicht gekonntes" zurück in Fach 1.

▸ Beispiel: Wenn Sie beginnen, kommen „gekonnte" Karten in das Fach 2, „nicht gekonnte" Karten in Fach 1. Wenn Sie mit Fach 3 arbeiten, kommen „gekonnte" Karten in das Fach 4, „nicht gekonnte" Karten zurück in Fach 1.

▸ Fach 1 wird grundsätzlich jeden Tag weiter befüllt.

▸ Je nachdem, welches Fach nun voll ist, arbeiten Sie mit diesem Fach weiter.

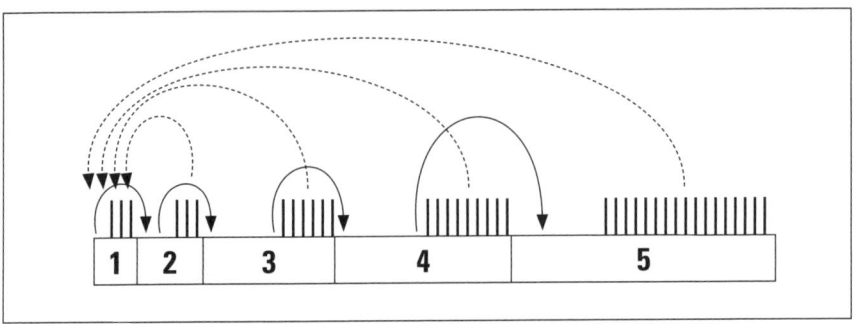

Abbildung 61: Lernkartei mit fünf Fächern

Karteikartensysteme sind in vielen Lern- und Prüfungsratgebern beschrieben (s. auch Infotafel 23). Obgleich sich die Beschreibungen immer relativ einfach anhören, kann man in der Praxis doch recht leicht durcheinanderkommen. Welches Fach ist nun dran? Wohin kommen die gelernten bzw. nicht gelernten Karten? Meiner Einschätzung nach bereitet insbesondere die Einteilung nach bestimmten Zeitintervallen gewisse Schwierigkeiten, zudem erfolgen viele Prüfungsvorbereitungen unter einem mehr oder minder starken Zeitdruck. Von daher kann es sinnvoll sein, nach einer ganz einfachen Regel zu verfahren: Wenn das Fach voll ist, wird hier weitergelernt.

Infotafel 23: Wiederholen mit Karteikartensystemen

Methode 1 (nach Gunther KARSTEN):

▸ Fach 1 (NEU): an einem Tag sollten diese zwei- bis viermal durchgearbeitet werden

▸ Fach 2 (OKAY): in den nächsten ein bis drei Tagen

▸ Fach 3 (GUT): etwa einmal pro Woche

▸ Fach 4 (SUPER): einmal pro Monat

▸ Fach 5 (PERFEKT): innerhalb von drei bis sechs Monaten.[140]

Methode 2 (nach Verena Steiner):
▸ Sechs Fächer mit den Tagen Montag bis Samstag
▸ dahinter Fächer mit den Monaten, z. B. April, Mai, Juni usw.
▸ Inhalte am ersten Tag (z. B. Montag) lernen, ggf. am Abend wiederholen, dann in das nächste Tagesfach stecken (Dienstag)
▸ nach einem Tag wiederholen, „Gekonntes" in das Montagsfach (= Wiederholung nach einer Woche), „Nicht gekonntes" in das nächste Tagesfach stecken (Mittwoch)
▸ am nächsten Montag (= nach einer Woche) wiederholen, „Gekonntes" in das nächste Monatsfach (= Wiederholung nach einem Monat), „Nicht gekonntes" in das nächste Tagesfach stecken (Dienstag).[141]

Wenn man grundsätzlich nach **Lernzeiten** fragt, so muss man festhalten, dass ein verteiltes Lernen – soweit praktisch umsetzbar – sinnvoll ist. Alain Lieury fasst allgemein zusammen: „Wie die Ergebnisse zeigten, ist die effektivste Lernphase die kürzeste (zehn Sekunden). Ebenso erzielt die längste Ruhephase (30 Sekunden) den größten Fortschritt, was nahelegt, dass bei einer Sorgfalt und Schnelligkeit erfordernden Aufgabe Erschöpfung eintritt. (…). Im Allgemeinen gilt jedoch: Je schwieriger und neuartiger die Aufgabe ist und je mehr Aufmerksamkeit sie erfordert, desto kürzer müssen die Lerndurchgänge und desto länger die Pausen sein."[142] Dieses Vorgehen ist sinnvoll, weil einerseits Erschöpfung weitestgehend vermieden wird, andererseits aber nach den Pausen auch ein Konsolidierungseffekt eintritt.

Insgesamt muss man mit allgemeinen Regeln, in welchen Abständen das Gedächtnis einer „Auffrischung" bedarf, eher vorsichtig sein. Zahlreiche Faktoren sind hier wirksam, und das jeweilige **Anspruchsniveau** spielt dabei vermutlich eine ganz besondere Rolle. Davon unabhängig gibt es einige Hinweise:
▸ Verteiltes Lernen, insbesondere das regelmäßige Wiederholen des Lernstoffs in immer größer werdenden Abständen, ist effektiver als massiertes Lernen (→ Zitat 26).
▸ Ein erstes Vertrautwerden mit einem Wort – auch wenn es dabei gar nicht um das Lernen desselben geht – ist für spätere Lernprozesse hilfreich. Das sogenannte Priming bezeichnet das Phänomen, dass eine erste Erfahrung mit einem Wort das Gedächtnis für spätere Erfahrungen erfolgreich „vorheizt" (engl. primed).[143]
▸ Sofortige Wiederholungen sind weniger effektiv als Wiederholungen nach einer kurzen oder längeren Verzögerung. Es scheint so zu sein, als ob die

Lernenden – bewusst oder unbewusst – sofortigen Wiederholungen wenig Bedeutung beimessen und diese dadurch mit geringer Intensität be-
treiben.[144]

▸ Gerade bei den Experimenten, die ein längerfristiges Erinnern intendieren,
  erweisen sich drei und mehr Wiederholungen als notwendig.[145]

▸ Nach einem fehlerhaften Abruf werden die darauffolgenden Anstrengun-
  gen um das Zwei- bis Dreifache im Vergleich zu korrekt erinnerten Sachverhalten intensiviert.[146]

Zitat 26: Will THALHEIMER – Massed repetitions (2006)

„One of the most troublesome research findings in the repetition and spacing area
is that most learners feel that massed learning produces better results than spaced
learning. ZECHMEISTER and SHAUGHNESSY (1980) discovered that learners who receive
massed repetitions have an exaggerated sense of their ability to remember the re-
peated information. Massed repetitions give learners a false sense that they know
the material. Given this false sense, learners often stop attending to the learning
material in a way that facilitates retention. They think they know it, so they move
on to other activities."[147]

Wenn es darum geht, Zusammenhänge zu wiederholen, kann auch die sogenannte **Struktur-Lege-Technik** helfen (→ Abb. 62 und 63). Mit ihrer Hilfe lassen sich inhaltliche Zusammenhänge erfassen und wiederholen. Dabei werden
zentrale Begriffe eines Sachgebiets oder Aspekte einer bestimmten Struktur auf
kleine Karten (ca. 4–5 cm lang) geschrieben. Anschließend (und dann auch
wiederholend einige Zeit später) versuchen Sie, die Begriffe so in eine Struktur
zu bringen, wie dies Ihrer Auffassung nach sinnvoll ist. Auf diese Weise erhalten
Sie ein Verständnis für Zusammenhänge, wie dies mit den Karteikarten nicht
immer möglich ist. Die Erläuterung der jeweiligen Relation (→ Abb. 63) kann
man notieren, aus zeitökomischen Gründen kann es jedoch sinnvoller sein, den
jeweiligen Sachverhalt nur in Gedanken durchzugehen.

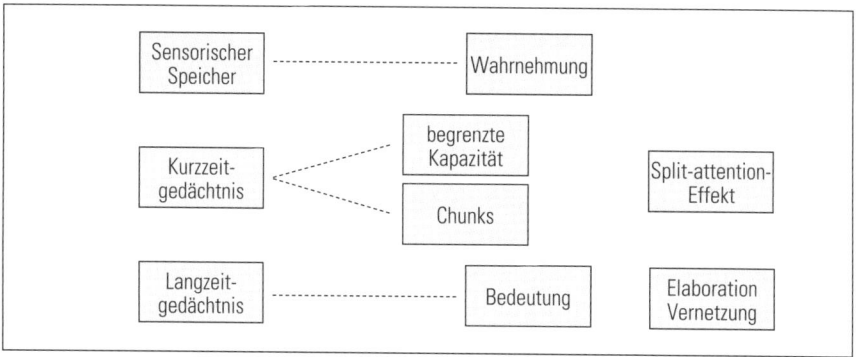

Abbildung 62: Struktur-Lege-Technik 1: Gedächtnisstufen (Psychologie)

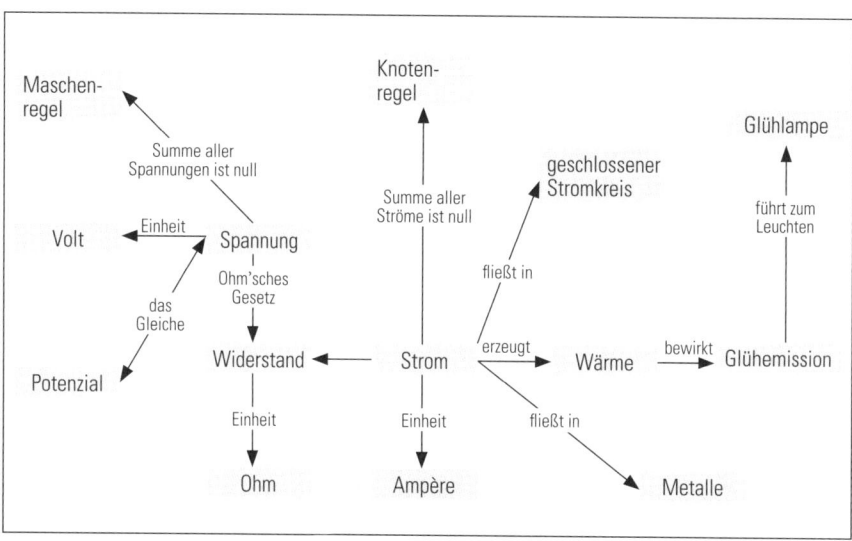

Abbildung 63: Struktur-Lege-Technik 2: Strom und Spannung (Physik)[148]

5.3   Beispiel: Das Wiener Kaffee-ABC: Teil 2

Im zweiten Teil des Wiener Kaffee-ABCs wird es nun darum gehen, die 16 österreichischen Kaffeespezialitäten zu memorieren. Dies bedeutet einerseits, dieses Wissen „breitzutreten", es also in einer bestimmten Weise „weiterzuverarbeiten", und andererseits, es schlicht zu wiederholen, wobei auch hier unterschiedliche Techniken zum Einsatz kommen können. Wiewohl es Überschneidungen zwischen dem „Breittreten" und dem reinen Wiederholen gibt, lassen sich verschiedenen Tätigkeiten doch grob zuordnen. Mögliche Handlungen des „Breittretens" können sein:

▶ **Fachlandkarte anfertigen:** Entwickeln Sie eine Fachlandkarte für die Landschaft der Kaffeespezialitäten.

▶ **Strukturen legen:** Schreiben Sie Kärtchen mit einigen oder allen Kaffeespezialitäten und bringen Sie diese in eine Struktur. Welche unterschiedlichen Kaffee-„Logiken" entwickeln Sie dabei?

▶ **Fachlich reflektieren 1:** Angenommen, jemand wäre gegen Kaffeeobers allergisch, welche der Kaffeespezialitäten müsste er dann meiden?

▶ **Fachlich reflektieren 2:** Angenommen, Sie wollen eine Küche so einrichten, dass Sie die verschiedenen Kaffeespezialitäten möglichst schnell zubereiten können? Was platzieren Sie wo?

▶ **Fachlich reflektieren 3:** Wie „übersetzen" Sie die Kaffeespezialitäten in die Welt der Teetrinker? Wie erklären Sie die österreichische Kaffeewelt einem Italiener, der in Kategorien von Espresso und Cappuccino denkt?

▶ **Fachlich reflektieren 4:** Erstellen Sie eine Getränkekarte mit drei, sechs oder neun Kaffeespezialitäten. Was ändert sich, wenn das Zielpublikum jugendlich ist?

▶ **Erfinden:** Überlegen Sie sich neue Kaffeevarianten, die in die Kaffeehaus-Tradition passen. Was zeichnet die Wiener Kaffeespezialitäten aus, und wie kann man an diese Tradition anknüpfen?

Mögliche Handlungen des Wiederholens können sein:

▶ **(Frei) reproduzieren:** Notieren Sie Stichworte zum Kaffee-ABC und reproduzieren Sie die Inhalte dann anhand der Stichworte möglichst frei.

▶ **Fragen entwickeln:** Überlegen Sie sich Prüfungsfragen zum Kaffee-ABC. Spielen Sie dann das „Kaffee-Quiz".

▶ **Schummelzettel erstellen:** Erstellen Sie einen oder ggf. auch mehrere Schummel- bzw. Schwindelzettel.

▶ **Erklären oder Lehren:** Werden Sie aktiv, indem Sie anderen Menschen das Kaffee-ABC nahebringen. Nutzen Sie dabei die Siebe der Reduktion, und erklären Sie erst wenig und dann mehr.

Techniken und Instrumente

Im Folgenden sind einige Techniken und Instrumente für das Lernen bzw. die Prüfungsvorbereitung zusammengestellt. Sie folgen der Logik:

▸ Prüfungsinhalte auswählen (→ Kap. 3),
▸ Prüfungsinhalte (gut abrufbar) aufbereiten (→ Kap. 4),
▸ Prüfungsinhalte memorieren (→ Kap. 5).

(A) Prüfungsinhalte auswählen

PZP-Formel

Zweck: Prüfer/in, Zeitbudget und Prüfungsziele abstimmen
Idee: Mit wenigen Einflussgrößen lässt sich der Rahmen der anstehenden Prüfung bestimmen. Die PZP-Formel hilft dabei, diese Parameter zu bestimmen.
Vorgehen: Klären Sie – so weit möglich – die folgenden Aspekte hinsichtlich Ihrer Prüfung:

▸ **Prüfer/in:** Wer prüft mit welchen Schwerpunkten und welcher Art von Aufgaben?
▸ **Zeitbudget:** Welcher zeitliche Rahmen steht für das Lernen (aber auch für die Prüfung) zur Verfügung?
▸ **Prüfungsziele:** Was wird von Ihnen nach diesem Unterricht bzw. dieser Veranstaltung erwartet? Was sollen Sie wissen, was können? Was ist wesentlich?

Grundlandschaft und Tiefenbohrungen

Zweck: Eine grobe Orientierung ermöglichen, zusätzlich fachliche Schwerpunkte bezeichnen.
Idee: Die Grundlandschaft steht für den Überblick über das Prüfungswissen, die Tiefenbohrungen für mögliche Vertiefungen.
Vorgehen: Gehen Sie zweischrittig vor:

▸ Grundlandschaft: Stellen Sie – analog zur Fachlandkarte – das notwendige Übersichts- und Strukturwissen bereit.
▸ Tiefenbohrungen: Geben Sie an, wo prüfungspraktische „Vertiefungen" möglich sind.

Beispiele: S. 45

Fachlandkarte

Zweck: Eine grobe fachliche Orientierung ermöglichen

Idee: Fachlandkarten sind Strukturhilfen auf der Ebene des Prüfungsfachs (= „Routenplaner für Prüfungen"). Sie tragen dazu bei, die fachliche Grundlandschaft sichtbar zu machen, indem sie Übersichts- und Strukturwissen bereitstellen, z. B. in Form von Begriffsnetzen.

Vorgehen: Bestimmen Sie die einzelnen Elemente Ihrer Fachlandkarte:

▶ Strukturen, z. B. das „große Ganze" und die Spezialgebiete;

▶ Anordnung, z. B. in der Biologie nach Lebensräumen oder nach dem System der Pflanzen und Tiere.

Beispiele: S. 47–51

Siebe der Reduktion (Auswahl von Aussagen)

Zweck: Inhalte fokussieren

Idee: Mit unterschiedlich feinen Sieben lassen sich Steine verschiedenster Körnung trennen. Durch ein grobes Sieb fällt fast alles hindurch, ein feines Sieb hingegen hält den Großteil der Steine zurück. Diese Überlegung lässt sich auch auf Prüfungsinhalte übertragen.

Vorgehen: Legen Sie zunächst die Körnung Ihrer Siebe fest.

▶ **Grobes Sieb (R1):** Angenommen, es gäbe für diesen fachlichen Teil nur drei zentrale Aussagen – welche wären dies? Und warum?

▶ **Mittleres Sieb (R2):** Angenommen, es wären acht Aussagen bedeutsam – welche sollten dies sein?

▶ **Feines Sieb (R3):** Angenommen, Sie sind in der Lage, auch 16 Aussagen zu lernen – welche könnten dies sein?

Es empfiehlt sich, beim Sieben zunächst mit dem groben Sieb zu beginnen, da es häufig leichter fällt, wenige zentrale Inhalte auszuwählen, als aus vielen Inhalten einige mühevoll „auszusortieren".

Hinweis: Anstelle von Aussagen kann es sich natürlich auch um Gesetze, Formeln, Konzepte o. Ä. handeln.

Beispiele: S. 51–56

Siebe der Reduktion (nach Zeitbudget)

Zweck: Inhalte fokussieren

Idee: Mit unterschiedlich feinen Sieben lassen sich Steine verschiedenster Körnung trennen. Durch ein grobes Sieb fällt fast alles hindurch, ein feines Sieb hingegen hält den Großteil der Steine zurück. Diese Überlegung lässt sich auch auf Prüfungsinhalte übertragen.

Vorgehen: Legen Sie zunächst die Körnung Ihrer Siebe fest.

▸ **Grobes Sieb (R1):** Welche Prüfungsinhalte nehme ich, wenn mir für das Lernen nur 60 Minuten zur Verfügung stehen?

▸ **Mittleres Sieb (R2):** Was lerne ich, wenn ich fünf Stunden Zeit habe?

▸ **Feines Sieb (R3):** Womit beschäftige ich mich, wenn ich komplette zwei Tage für die Prüfungsvorbereitung habe?

Es empfiehlt sich, beim Sieben zunächst mit dem groben Sieb zu beginnen, da es häufig leichter fällt, wenige zentrale Inhalte auszuwählen, als aus vielen Inhalten einige mühevoll „auszusortieren".

Beispiele: S. 57–59

Extremreduktion (= Konzentration auf das Wesentliche)

Zweck: Inhalte „auf den Punkt bringen"

Idee: Mit der Extremreduktion ermitteln Sie den Kern eines Lernstoffs. Sie reduzieren Ihre Inhalte auf wenige Sätze oder ein markantes Schaubild.

Vorgehen: Vergegenwärtigen Sie sich die Inhalte vor dem Hintergrund möglicher Prüfungsaufgaben. Finden Sie für die zentralen Sachverhalte oder Aussagen eine konzentrierte Form, die diesen inhaltlichen Bereich „auf den Punkt bringt".

Beispiele: S. 59

Track One & Track Two

Zweck: Lernunterlagen mit zwei verschiedenen Lernpfaden versehen
Idee: In Lernunterlagen – Skripten, Arbeitsunterlagen, Handouts usw. – kennzeichnen Sie unterschiedlich intensive bzw. umfangreiche Lernpfade.
Vorgehen: Nehmen Sie eine vorhandene Lernunterlage und entscheiden Sie, welche Inhalte Sie den unterschiedlichen Lernpfaden zuweisen. Kennzeichnen Sie die verschiedenen Lernpfade, z. B. mit farbigen Markierungen.

▸ Track One: „Schnelldurchlauf", d. h. die (möglicherweise) wichtigsten Prüfungsinhalte
▸ Track Two: umfangreiche Variante

Beispiele: S. 60–61

Prioritäten-Check

Zweck: Bestimmte Prüfungsinhalte priorisieren
Idee: Inhalte zu reduzieren bedeutet nicht nur, jene Inhalte zu bestimmen, die für die anstehende Prüfung als „wesentlich" gelten, sondern auch ausdrücklich jene Inhalte auszuscheiden, die als „nicht wesentlich" erachtet werden.
Vorgehen: Stellen Sie den Vorrang einzelner Prüfungsinhalte gegenüber anderen heraus. Entscheiden Sie also, welche Inhalte Sie als wesentlich bzw. nicht wesentlich einschätzen. Bringen Sie die Inhalte ggf. in eine Rangfolge.
Hinweis: Bei der sogenannten ABC-Analyse geht man ähnlich vor. Die Inhalte werden nach A, B und C-Priorität geordnet.

Beispiele: S. 61

PQ4R-Technik

Zweck: Einen Text gezielt lesen
Idee: Der Text wird über eine fragende Haltung systematisch erschlossen.
Vorgehen: Die sechs Schritte der PQ4R-Technik sind hier zu drei Blöcken zusammengefasst:

▸ Preview & Question = Vorausschau & Fragen: Text überfliegen, sich orientieren, Überblick gewinnen; einfache Fragen zum Text formulieren;
▸ Read & Reflect = Lesen & Nachdenken: lesen, markieren, Notizen anfertigen, Fragen beantworten, verknüpfen, assoziieren, Beispiele bilden;
▸ Recite & Review = Wiedergeben & Rückblicken: Inhalt wiedergeben, Fragen erneut beantworten, zusammenfassen, wichtigste Aspekte benennen.

(B) Prüfungsinhalte (gut abrufbar) aufbereiten

Abrufhilfen (allgemein)

Zweck: Prüfungsinhalte gut erinnerbar bzw. abrufbar machen

Idee: Der Prüfungsstoff wird so aufbereitet und organisiert, dass man sich nicht alle Einzelheiten separat merken muss, sondern die Inhalte über Schlüsselbegriffe, Organisationshilfen und „verdichtete" Konzepte schnell verfügbar hat.

Vorgehen: Abrufhilfen gibt es in verschiedenen Formen:

▸ Strukturen: Hier geht es insbesondere darum, die Inhalte nach ihrer Bedeutung zu organisieren. Je nachdem, wie die inhaltlichen Bezüge ausgeprägt sind, bereiten Sie den Stoff hierarchisch, kategorial oder prozessual auf.

▸ Situationen: Prototypische Situationen werden erfasst. Aus der Fachsystematik wird eine Situationssystematik.

▸ Bilder, Geschichten, Metaphern, Analogien: Diese analogen Abrufhilfen verdichten die Inhalte teilweise über ihre Bedeutung, teilweise über gut merkbare Konstrukte, die nicht immer direkt mit dem Prüfungsinhalt zu tun haben.

Beispiele: S. 72–76

Strukturen

Zweck: Prüfungsinhalte über bedeutungsmäßige (= semantische) Abrufschemata erinnern

Idee: Strukturen verdeutlichen Beziehungen bzw. Zusammenhänge und ermöglichen auch die Integration des zu lernenden Stoffes in ein sich (weiter-)entwickelndes semantisches Netzwerk.

Vorgehen: Strukturen lassen sich wie folgt bilden:

▸ wesentliche Begriffe, Relationen usw. bestimmen;

▸ Strukturen herausarbeiten (je nach Perspektive: zeitlich, hierarchisch, situativ);

▸ ggf. weitere Verbindungen herstellen

Hinweis: Mithilfe der Struktur-Lege-Technik werden Strukturen rekonstruiert.

Beispiele: S. 77–84

Situationen und Fälle

Zweck: Prüfungsinhalte über prototypische Situationen bzw. Fälle erinnern
Idee: Anhand häufig vorkommender Situationen lässt sich ein Handlungsfeld erschließen und auf die entsprechenden Situations- bzw. Handlungsdetails zugreifen.
Vorgehen: Bei handlungsorientierten Lernbereichen ist wie folgt vorzugehen:

▸ protypische, d. h. häufig vorkommende Fälle bzw. Situationen ermitteln;
▸ ein Vorgehensmodell für diese Fälle – falls vorhanden – bestimmen;
▸ dann die Details zu den jeweiligen Fällen bzw. Situationen ergänzen.

Beispiele: S. 84–86

Visualisieren

Zweck: Sachverhalte visualisieren
Idee: Sachverhalte in sprachlicher Form lassen sich häufig in eine visuelle Form überführen. Die entstehenden Bilder bzw. Grafiken bilden in der Regel nur einen Teil der vorgegebenen Inhalte ab, tragen aber dazu bei, den jeweiligen Sachverhalt gut zu erinnern.
Vorgehen: Überlegen Sie sich, auf welche Weise Sie visualisieren. Wo liegt der Schwerpunkt?

▸ Strukturieren,
▸ zusammenfassen,
▸ erklären,
▸ abbilden.

Beispiele: S. 86–92

Geschichten und Metaphern

Zweck: Inhalte mithilfe von Geschichten und Metaphern konzentrieren
Idee: Geschichten und Metaphern tragen dazu bei, die Komplexität bestimmter Inhalte zu reduzieren. Konkrete Vorstellungen werden angeregt und alltägliche Erfahrungen berücksichtigt. Nicht zuletzt haben Geschichten und Metaphern häufig einen hohen Erinnerungswert.
Vorgehen: Passende Geschichten und Metaphern zu entwickeln, ist nicht immer ad hoc möglich. Mögliche Zugänge sind:

▸ eigene Erfahrungen,

▸ Erzählungen anderer Personen,
▸ Sammlungen, z. B. im Internet.

Beispiele: S. 92–95

(C) Prüfungsinhalte memorieren

„Breittreten" (= Elaborieren)

Zweck: Einen Prüfungsinhalt mit möglichst vielen anderen Inhalten vernetzen
Idee: Wenn man Wissen elaboriert, geht es vor allem darum, es in möglichst vielfältiger Weise „weiterzuverarbeiten"; daher kommt auch die Metapher vom Wissen „breittreten" als Charakterisierung für eine derartige Transformationsleistung.
Vorgehen: Wissen kann auf ganz vielfältige Weise „breitgetreten" werden, z. B.:
▸ Konzentrieren bzw. Reduzieren,
▸ erklären,
▸ visualisieren,
▸ fachlich denken (= reflektieren),
▸ situativ einbetten,
▸ persönlichen Bezug herstellen usw.

Beispiele: S. 104–114

Schummelzettel (Spickzettel, Cheat Sheet)

Zweck: Die wesentlichen Inhalte auf einem Blatt Papier (z. B. A5) notieren
Idee: Eigentlich verboten, erweist sich der gezielt eingesetzte Schummelzettel (auch: Spickzettel) als wirkungsvolle Lernhilfe. Der zugrunde liegende Effekt ist jedermann vertraut: Durch das Anfertigen eines Schummelzettels wird dieser quasi überflüssig, weil die in Gang gesetzten Verarbeitungsprozesse zu einem in der Regel erfolgreichen Memorieren der Inhalte beitragen.
Vorgehen: Notieren Sie die Ihrer Meinung nach wichtigen Inhalte auf einem Schummelzettel (beidseitig).

Beispiele: S. 124

Lern-Larry

Zweck: Wiederholen mit einem (oder mehreren) anderen
Idee: Sie erzählen den Prüfungsstoff einem (fiktiven) Gesprächspartner (dem sog. Lern-Larry).
Vorgehen: Es beginnt i. d. R. mit einem „Du, ich muss dir mal was erzählen", und anschließend versucht der Lerner, seinem Gesprächspartner (dem Lern-Larry) den Lernstoff – so gut wie möglich – zu erzählen.

Beispiele: S. 117

Prüfungsfragen generieren

Zweck: (Mögliche) Prüfungsfragen formulieren
Idee: Um Inhalte zu wiederholen und zu reflektieren, kann es sinnvoll sein, eigene Prüfungsfragen zu erstellen. Dabei verarbeitet man den jeweiligen Inhalt auf vielfältige Weise, etwa indem man mögliche Antworten durchdenkt und auf ihre Richtigkeit hin bewertet oder die Angemessenheit von Fragen und Antworten beurteilt.
Vorgehen: Formulieren Sie Prüfungsfragen

▸ frei
▸ anhand der Lern- bzw. Prüfungsunterlagen.

„Aufsagen" (mit oder ohne Stichwortliste)

Zweck: Prüfungsinhalte wiederholen
Idee: Man kann sich den Stoff (laut oder leise) selbst „aufsagen". Orientieren kann man sich z. B. anhand von Stichworten.
Vorgehen: „Sagen" Sie sich den Stoff (laut oder leise) selbst „auf". Orientieren Sie sich dabei an

▸ einer fachlichen Gliederung,
▸ einer Struktur (ggf. selbst erstellt),
▸ einer Stichwortliste oder
▸ möglichen Prüfungsfragen.

Lernkartei

Zweck: Lerninhalte systematisch wiederholen

Idee: Die Lerninhalte werden in immer größer werdenden Abständen wiederholt.

Vorgehen: Bei einem Fünf-Fächer-Karteikasten sind folgende Regeln denkbar:

▸ Einen Stapel Karten (z. B. 20) nehmen und diese wiederholen; grundsätzlich gilt: „Gekonntes" kommt in das nächste Fach, „Nicht gekonntes" zurück in Fach 1.

▸ Wenn Sie beginnen, kommen „gekonnte" Karten in das Fach 2, „nicht gekonnte" Karten in Fach 1. Wenn Sie mit Fach 3 arbeiten, kommen „gekonnte" Karten in das Fach 4, „nicht gekonnte" Karten zurück in Fach 1.

Beispiele: S. 118–121

Struktur-Lege-Technik

Zweck: Inhaltliche Strukturen wiederholen

Idee: Zusammenhängende Begriffe bzw. Sachverhalte werden in eine nachvollziehbare Ordnung gebracht.

Vorgehen: In der Regel wird diese Technik wie folgt durchgeführt:

▸ Bereiten Sie einen Satz Karten (kleine Karten für den Tisch, größere für Pinnwand oder Boden) vor. Pro Karte wird jeweils ein Begriff formuliert.

▸ Bringen Sie die Karten nun in eine sinnvolle Struktur (Tisch, Pinnwand oder Boden).

▸ Gleichen Sie das Ergebnis nun mit der „richtigen" Lösung ab, und ziehen Sie daraus Ihre Schlüsse.

Beispiele: S. 122–123

Stilles Wiederholen (Rehearsal)

Zweck: Prüfungsinhalte wiederholen

Idee: Man kann den Stoff geistig „durchgehen". Im besten Falle wiederholt man nicht bloß, sondern verbindet die wiederholten Informationen spontan mit bereits vorhandenen Wissenselementen.

Vorgehen: Überlegen Sie sich eine Vorgehensweise für das stille Wiederholen, beispielsweise

▸ eine fachliche Gliederung,

▸ eine Struktur (ggf. selbst erstellt),

▸ eine Stichwortliste oder

▸ mögliche Prüfungsfragen.

Anmerkungen

1   Lothar Bunn: Erfolgreich Klausuren schreiben, Konstanz u. a. 2013, S. 97–99

2   Gabriele Bensberg/Jürgen Messer: Survival guide Bachelor, Heidelberg 2010, S. 137–138

3   Walter Köhnlein: Leitende Prinzipien und Curriculum des Sachunterrichts. In: Edith Glumpler/Steffen Wittkowske (Hrsg.): Sachunterricht heute – Zwischen interdisziplinärem Anspruch und traditionellem Fachbezug, Bad Heilbrunn 1996, S. 59

4   Wolfgang Widulle: Handlungsorientiert im Studium – Arbeitsbuch für soziale und pädagogische Berufe, Wiesbaden 2009, S. 178

5   Johannes Kalliauer: Prüfungsfragen Mechanik 1, TU Wien, Stand6/2012; https://vowi.fsinf.at/images/d/dc/TU_Wien-Mechanik_1_VO_%28Bucher%29_-_Pr%C3%BCfungsfragen_JoKalliauer.pdf; S. 4; Zugang am 16.4.2014

6   Karl Popper: Objektive Erkenntnis – Ein evolutionärer Entwurf, Hamburg 1974, S. 354–375

7   George Steiner in der Sendung „Sternstunde Philosophie", SF 1, 4. Dezember 2011. http://www.youtube.com/watch?v=qu_3aGMwVUg; Zugang am 4.12.2013

8   University of Oxford: Student approaches to learning; http://www.learning.ox.ac.uk/media/global/wwwadminoxacuk/localsites/oxfordlearninginstitute/documents/supportresources/lecturersteachingstaff/resources/resources/Student_Approaches_to_Learning.pdf, Zugang am 19.5.2014

9   Vgl. Wolfgang Widulle: Handlungsorientiert im Studium – Arbeitsbuch für soziale und pädagogische Berufe, Wiesbaden 2009, S. 199

10 Elke Wild/Jens Möller: Pädagogische Psychologie, Heidelberg 2009, S. 17 f.

11 Robert K. Atkinson/Alexander Renkl/Mary M. Merrill: Transitioning from studying examples to solving problems: Combining fading with prompting fosters learning. Journal of Educational Psychology, 95(2003) Suppl. 95 , S. 774–783

12 Michelene T. H. Chi/Miriam Bassok/Matthew M. Lewis/Peter Reinmann/Robert Glaser: Self-Explanations: How students study and use examples in learning to solve problems. In: Cognitive Science, 13/1989, S. 145–182; Alexander Renkl/Robin Stark/Hans Gruber/Heinz Mandl: Learning from worked-out examples: The effects of example variability and elicited self-explanations. In: Contemporary Educational Psychology 23/1998, S. 90–108

13 Verena Schneider: Gut gelernt und Zeit gespart – Praktische Tipps und Übungen für effektives und erfolgreiches Lernen, Augsburg 2007, S. 84

14 Martin Krengel: Bestnote: Lernerfolg verdoppeln – Prüfungsangst halbieren, 2. Aufl., Berlin 2012, S. 128

15 Verena Steiner: Exploratives Lernen – Der persönliche Weg zum Erfolg. Eine Anleitung für Studium, Beruf und Weiterbildung, aktualisierte und erweiterte Neuausgabe, München 2013, S. 243

16 Alain Lieury: Ein Gedächtnis wie ein Elefant – Tipps und Tricks gegen das Vergessen, Berlin, Heidelberg 2013, S. 125

17 Der Begriff „Kurzzeitgedächtnis" wird nicht immer einheitlich verwendet. Zudem gibt es den (neueren) Begriff „Arbeitsgedächtnis", der teilweise synonym mit „Kurzzeitgedächtnis" gebraucht wird.

18 Nelson Cowan: Working Memory Capacity, New York 2005

19 John Sweller: Cognitive load during problem solving: Effects on learning. In: Cognitive Science 12, 2/1988, S. 257–285

20 Christopher Chabris/Daniel Simons: Der unsichtbare Gorilla: Wie unser Gehirn sich täuschen lässt, München 2011, S. 59

21 Verena Steiner: Exploratives Lernen – Der persönliche Weg zum Erfolg. Eine Anleitung für Studium, Beruf und Weiterbildung, aktualisierte und erweiterte Neuausgabe, München 2013, S. 96

22 Ulrich Schnabel: Das Wesentliche im Blick, Zeit Online Gesundheit; http://www.zeit.de/2011/18/Aufmerksamkeit; Zugang am 19.5.2014

23 George Miller: The Magical Number 7, Plus or Minus Two: Some Limits on Our Capacity for Processing Information. In: Psychological Review, 1956, Band 63, S. 81–97

24 Herbert A. Simon: Designing Organizations for an Information-Rich World. In: Martin Greenberger: Computers, Communication, and the Public Interest, Baltimore 1971, S. 40–41

25 Marcia Ozier: Individual differences in free recall – When some people remember better than others. In: Gordon H. Bower (Hrsg.): Psychology of Learning and Motivation, V. 14, New York 1980; Fons Jaspers: Speech and voice in instructional programs. In: Educational Media International, 31/1994, S. 114–122

26 Carol J. DeBoth/Roger L. Dominowski: Individual Differences in Learning: Visual versus Auditory Presentation. In: Journal of Educational Psychology, 70/4 1978, S. 498–503; Helmut Felix Friedrich/Steffen-Peter Ballstaedt: Strategien für das Lernen mit Medien. In: Helmut Felix Friedrich et al. (Hrsg.): Multimediale Lernumgebungen in der betrieblichen Weiterbildung – Gestaltung, Lernstrategien, Evaluation, Neuß 1997, S. 172

27 Frederic Vester: Denken – Lernen – Vergessen, überarb. u. erw. Neuauflage, Stuttgart 2001 (Erstauflage 1975), S. 125

28 Bernd Weidenmann: Lernen mit Medien. In: Andreas Krapp/Bernd Weidenmann (Hrsg.): Pädagogische Psychologie, 5. Aufl., Weinheim 2001, S. 429–430

29 Aljoscha Neubauer/Elsbeth Stern: Lernen macht intelligent – Warum Begabung gefördert werden muss, München 2007, S. 254

30 Willem A. Wagenaar/C. A. Varey/Patrick T. W. Hudson: Do Audiovisuals Aid? A Study of Bisensory Presentation on the Recall of Information.In: H. Bouma/D. G. Bouwhuis (Hrsg.): Attention and performance, Hillsdale 1984; Manuela Paechter: Auditive und visuelle Texte in Lernsoftware – Herleitung und empirische Prüfung eines didaktischen Konzepts zum Einsatz auditiver und visueller Texte in Lernsoftware, Münster 1996

31 Bernd Weidenmann: Lernen mit Bildmedien, Weinheim u. a. 1991, S. 14; vgl. auch Bernd Weidenmann: Multicodierung und Multimodalität im Lernprozess. In: Ludwig Issing/Paul Klimsa (Hrsg.): Information und Lernen mit Multimedia und Internet, 3. Aufl., Weinheim 2002, S. 48

32 Richard E. Mayer: Multimedia Learning, Cambridge 2001; s. auch Roland Brünken/Susan Steinbacher/Wolfgang Schnotz/Detlev Leutner: Mentale Modelle und Effekte der Präsentations- und Abrufkodalität beim Lernen mit Multimedia. In: Zeitschrift für Pädagogische Psychologie, 15 (1), 2001, S. 16–27; Tina Seufert: Kohärenzbildung beim Wissenserwerb mit multiplen Repräsentationen. In: Detlev Leutner/Roland Brünken (Hrsg.): Neue Medien in Unterricht, Aus- und Weiterbildung – Aktuelle Ergebnisse empirischer pädagogischer Forschung, Münster 2000, S. 65–74

33 Bernd Weidenmann: Multicodierung und Multimodalität im Lernprozess. In: Ludwig Issing/Paul Klimsa: (Hrsg.): Information und Lernen mit Multimedia und Internet, 3. Aufl., Weinheim 2002, S. 52 u. 61

34 Vanessa Krummeck: Multimediale, multicodale, multimodale und interaktive Kom-

ponenten in mathematischen Lernumgebungen, Dissertation, Technische Universität München 2007, S. 78

35 Alain Lieury: Ein Gedächtnis wie ein Elefant – Tipps und Tricks gegen das Vergessen, Berlin, Heidelberg 2013, S. 129

36 Helmut Felix Friedrich/Steffen-Peter Ballstaedt: Strategien für das Lernen mit Medien. In: Helmut Felix Friedrich et al. (Hrsg.): Multimediale Lernumgebungen in der betrieblichen Weiterbildung – Gestaltung, Lernstrategien, Evaluation, Neuß 1997, S. 31; s. auch Rand J. Spiro/Jihn-Chang Jehng: Cognitive flexibility and hypertext: Theory and technology for the nonlinear and multidimensional traversal of complex subject matter. In: Don Nix/Rand Spiro (Hrsg.): Cognition, education, and multimedia: Exploring ideas in high technology, Hillsdale 1990, S. 163–205; Shaaron E. Ainsworth: A functional taxonomy of multiple representations. In: Computers and Education, 33 (2/3), 1999, S. 131–152; Allan Paivio: Mental representations: a dual coding approach, Oxford 1986

37 Gerhard Steiner: Der Kick zum effizienten Lernen – Erfolgreich und nachhaltig ausbilden dank lernpsychologischer Kompetenz, vermittelt an 30 Beispielen, Bern 2007, S. 107, 109, 110

38 Roland Brünken/Detlev Leutner: Aufmerksamkeitsverteilung oder Aufmerksamkeitsfokussierung? Empirische Ergebnisse zur „Split-Attention"-Hypothese beim Lernen mit Multimedia. In: Unterrichtswissenschaft, 29, 4/2001, S. 357–366; Richard E. Mayer/Roxana Moreno: Animation as an aid to multimedia learning. In: Educational Psychology Review, 14, 1/2002, S. 87–99; Sharon Tindall-Ford/Paul Chandler/John Sweller: When two sensory modes are better than one. In: Journal of Experimental Psychology: Applied, 3(4), 1997, S. 257–287

39 Richard E. Mayer: Multimedia Learning, Cambridge 2001

40 Alain Lieury: Ein Gedächtnis wie ein Elefant – Tipps und Tricks gegen das Vergessen, Berlin, Heidelberg 2013, S. 131 f.

41 Bernd Weidenmann: Multicodierung und Multimodalität im Lernprozess. In: Ludwig Issing/Paul Klimsa: (Hrsg.): Information und Lernen mit Multimedia und Internet, 3. Aufl., Weinheim 2002, S. 61

42 Vanessa Krummeck: Multimediale, multicodale, multimodale und interaktive Komponenten in mathematischen Lernumgebungen, Dissertation, Technische Universität München 2007, S. 101

43 Ebd., S. 5–10

44 Manfred Spitzer: Lernen – Gehirnforschung und die Schule des Lebens, Heidelberg u. a. 2003, S. 5–10

45 Thomas Wirth: Über Verarbeitungstiefe; http://www.kommdesign.de/texte/verarbeitungstiefe.htm; Zugang am 19.5.2014

46 Charles A. Perfetti: Levels of Language and Levels of Process. In: Laird S. Cermak/Fergus I.M. Craik (Hrsg.): Levels of Processing in Human Memory, 2014, o. S.

47 Eberhardt Hofmann/Monika Löhle: Erfolgreich lernen – Effiziente Lern- und Arbeitsstrategien für Schule, Studium und Beruf, 2., neu ausgestattete Aufl., Göttingen u. a. 2012, S. 38

48 Vgl. Ruth Schumann-Hengsteler: Die Entwicklung des visuell-räumlichen Gedächtnisses, Göttingen 1995; Werner Metzig/Martin Schuster: Lernen zu lernen – Lernstrategien wirkungsvoll einsetzen, 8., aktualisierte Aufl., Heidelberg u. a. 2010, S. 53

49 Alain Lieury: Ein Gedächtnis wie ein Elefant – Tipps und Tricks gegen das Vergessen, Berlin, Heidelberg 2013, S. 128

50 Gavriel Salomon: Television is „easy" and print is „tough": The differential investment of mental effort in learning as a function of perceptions and attributions. In: Journal of Educational Psychology, 76(4), 1984, S. 647–658; Laurene Meringhoff: Influence of the Medium on Children's Story Comprehension. In: Journal of Educational Psychology, 72/1980, S. 240–44

51 Nadine Dorsch: Stoffreduktion aus Studierendensicht, Seminararbeit, Fachhochschule Technikum Wien, Wien 2013, S. 3

52 Klaus W. Döring, persönliche Mitteilung

53 Martin Wagenschein: Zum Begriff des exemplarischen Lehrens. In: ders.: Verstehen lehren – Genetisch, Sokratisch, Exemplarisch, 4. Aufl., Weinheim u. a. 2008, S. 37–38 (Erstveröffentlichung 1956)

54 Mario Adorf: Der Fenstersturz, Hörbuch, 2004

55 Steve Jobs, http://money.cnn.com/galleries/2008/fortune/0803/gallery.jobsqna.fortune/6.html; Zugang am 12.1.2014

56 Herbert F. Bauer/Hans Joachim Bader: Elementarisierung – didaktische Reduktion – ein Kernproblem des Chemieunterrichts. In: Peter Pfeifer et al.: Konkrete Fachdidaktik Chemie. 3. Aufl., München 2002, S. 182

57 Ernst Kircher: Elementarisierung und didaktische Rekonstruktion. In: ders./Raimund Girwidz/Peter Häußler (Hrsg.): Physikdidaktik – Theorie und Praxis, 2. Aufl., Heidelberg u. a. 2009, S. 118

58 Martin Kornmeier: Wissenschaftlich schreiben leicht gemacht, Bern 2008, S. 238–244

59 Gerd Macke/Ulrike Hanke/Pauline Viehmann: Hochschuldidaktik – Lehren, vortragen, prüfen, Weinheim u. a. 2008, S. 113

60 Christian Hesse: Das kleine Einmaleins des klaren Denkens, München 2009, S. 244; vgl. Paul Watzlawick: Wie wirklich ist die Wirklichkeit? Wahn, Täuschung, Verstehen, 18. Aufl.,München u. a. 1990, S. 61–63

61 Christoph Metzger: Lern- und Arbeitsstrategien – Ein Fachbuch für Studierende an Universitäten und Fachhochschulen, 3. Aufl., Aarau 2000, S. 74 ff.

62 Ellen L. Thomas/H. Alan Robinson: Improving Reading in Every Class: A Sourcebook for Teachers, Boston 1972

63 Werner Metzig/Martin Schuster: Lernen zu lernen – Lernstrategien wirkungsvoll einsetzen, 8., aktualisierte Aufl., Heidelberg u. a. 2010, S. 132; vgl. auch Ernst Z. Rothkopf: Learning from written instructive materials: An exploration of the control of inspection behavior by testlike events. In: American Educational Research Journal, 1966, 3, S. 241–249; Stephen L. Benton/John A. Glover/Roger H. Bruning: Levels of processing: effect of number of decisions on prove recall. In: Journal of Educational Psychology, 1983, 75, S. 382–390

64 Verena Steiner: Exploratives Lernen – Der persönliche Weg zum Erfolg. Eine Anleitung für Studium, Beruf und Weiterbildung, aktualisierte und erweiterte Neuausgabe, München 2013, S. 148

65 Vgl. Ulrike Lange: Fachtexte, lesen – verstehen – wiedergeben, Paderborn 2013, S. 46

66 Vgl. ebd., S. 49

67 Gerhard Steiner: Der Kick zum effizienten Lernen – Erfolgreich und nachhaltig ausbilden dank lernpsychologischer Kompetenz, vermittelt an 30 Beispielen, Bern 2007, S. 126

68 Helmut Felix Friedrich/Steffen-Peter Ballstaedt: Strategien für das Lernen mit Medien. In: Helmut Felix Friedrich et al. (Hrsg.): Multimediale Lernumgebungen in der betrieblichen Weiterbildung – Gestaltung, Lernstrategien, Evaluation, Neuß 1997, S. 205–206

69 Gerhard Steiner: Der Kick zum effizienten Lernen – Erfolgreich und nachhaltig ausbilden dank lernpsychologischer Kompetenz, vermittelt an 30 Beispielen, Bern 2007, S. 130

70 Verena Steiner: Exploratives Lernen – Der persönliche Weg zum Erfolg. Eine Anleitung für Studium, Beruf und Weiterbildung, aktualisierte und erweiterte Neuausgabe, München 2013, S. 160 f.

71 Gerd Mietzel: Pädagogische Psychologie des Lernens und Lehrens, 8., überarbeitete und erweiterte Aufl., Göttingen u. a., S. 220

72 Jean-François Rouet/Jarmo J. Levonen: Studying and Learning with Hypertext: Empirical Studies and their Implications. In: Jean-François Rouet et al.: Hypertext and Cognition, Mahwah 1996

73 Jeff Conklin: Hypertext: An Introduction and Survey. In: Computer, vol. 20, no. 9, Sept. 1987, S. 17–41

74 Werner Metzig/Martin Schuster: Lernen zu lernen – Lernstrategien wirkungsvoll einsetzen, 8., aktualisierte Aufl., Heidelberg u. a. 2010, S. 129

75 Holger Horz: Lernen mit Computern: Interaktionen von Personen- und Programmmerkmalen in computergestützten Lernumgebungen, Münster 2004; David A. Last/Angela M. O'Donnell/Anthony E. Kelly: The effects of prior knowledge and goal strength on the use of hypertext. In: Journal of Educational Multimedia and Hypermedia, 10, 1/2001, S. 3–25

76 Bernhard Wember: Wie informiert das Fernsehen? Ein Indizienbeweis, München 1976

77 Gavriel Salomon: Television is „easy" and print is „tough": The differential investment of mental effort in learning as a function of perceptions and attributions. In: Journal of Educational Psychology, 76(4), 1984, S. 647–658

78 Horst Speichert: Kopfspiele – Das unterhaltsame Gedächtnistraining, Reinbek bei Hamburg 1990, S. 37–40

79 Wolfgang Widulle: Handlungsorientiert im Studium – Arbeitsbuch für soziale und pädagogische Berufe, Wiesbaden 2009, S. 117; vgl. auch Helmut Felix Friedrich/Steffen-Peter Ballstaedt: Strategien für das Lernen mit Medien. In: Helmut Felix Friedrich et al. (Hrsg.): Multimediale Lernumgebungen in der betrieblichen Weiterbildung – Gestaltung, Lernstrategien, Evaluation, Neuß 1997, S. 194–195

80 Richard J. Gerrig/Philip G. Zimbardo: Psychologie, 18., aktualisierte Aufl., Hallbergmoos 2008, S. 262

81 Gerhard Steiner: Lernen – 20 Szenarien aus dem Alltag, 4. Aufl., Bern 2008, S. 223

82 Diethelm Wahl/Willi Wölfing/Gerhard Rapp/Dietmar Heger, Erwachsenenbildung konkret – Mehrphasiges Dozententraining – Eine neue Form erwachsenendidaktischer Ausbildung von Referenten und Dozenten, Weinheim 1991, S. 63

83 Vgl. ebd.

84 Gerhard Steiner: Der Kick zum effizienten Lernen – Erfolgreich und nachhaltig ausbilden dank lernpsychologischer Kompetenz, vermittelt an 30 Beispielen, Bern 2007, S. 169

85 Martin Schuster: Für Prüfungen lernen – Strategien zur optimalen Prüfungsvorbereitung, Göttingen u. a. 2001, S. 28

86 Wolfgang Schnotz: Pädagogische Psychologie – Workbook, Weinheim 2006, S. 185

87 Alain Lieury: Ein Gedächtnis wie ein Elefant – Tipps und Tricks gegen das Vergessen, Berlin, Heidelberg 2013, S. 173 f.; Gerd Mietzel: Pädagogische Psychologie des Lernens und Lehrens, 8., überarbeitete und erweiterte Aufl., Göttingen u. a. 2007, S. 252–254

88 Gerd Mietzel: Pädagogische Psychologie des Lernens und Lehrens, 8., überarbeitete und erweiterte Aufl., Göttingen u. a. 2007, S. 253

89 Alain Lieury: Ein Gedächtnis wie ein Elefant – Tipps und Tricks gegen das Vergessen, Berlin, Heidelberg 2013, S. 198

90 Vgl. Michael Kämper-van den Boogart (Hrsg.): Deutsch-Didaktik, Berlin 2008, S. 56

91 Wilhelm Killermann/Peter Hiering/Bernhard Starosta: Biologieunterricht heute – Eine moderne Fachdidaktik, 13. Aufl., Donauwörth 2009, S. 261

92 Hans G. Hoffmann/Marion Hoffmann: Großes Übungsbuch Englisch NEU Grammatik, München 2014, S. 77

93 Christa Olbrich: Modelle der Pflegedidaktik, München 2009, S. 5

94 Vgl. P. J. Frost: The role of organizational power and politics in Human Resource Management. In: A. N. B. Nedd/G. R. Ferris/K. M. Rowland (Hrsg.): Research in Personel and Human Resource Management, Greenwich 1989, S. 1–21

95 Franz-Peter Burkard/Axel Weiß: dtv-Atlas Pädagogik, München 2008, S. 170

96 Simone Rothgangel: Kurzlehrbuch Medizinische Psychologie und Soziologie, 2., überarbeitete Aufl. Stuttgart 2010, S. 73

97 Vgl. Heinz Mandl/Fritz Fischer: Wissen sichtbar machen – Wissensmanagement mit Mapping-Techniken, Göttingen 2000

98 Alain Lieury: Ein Gedächtnis wie ein Elefant – Tipps und Tricks gegen das Vergessen, Berlin, Heidelberg 2013, S. 145

99 Torben Pottgießer/Stefanie Ophoven: Die 50 wichtigsten Fälle Innere Medizin, München 2009

100 Karl-Edmund Hemmer/Achim Wüst: Die wichtigsten 40 Fälle zum Zivilprozessrecht 1 – Erkenntnisverfahren, 6. Aufl., Würzburg 2013, S. I–IV

101 Torben Pottgießer/Stefanie Ophoven: Die 50 wichtigsten Fälle Innere Medizin, München 2009, o. S.

102 Vera Birkenbihl: Das „neue" Stroh im Kopf – Vom Gehirn-Besitzer zum Gehirn-Benutzer, 38. Aufl., Speyer 2001, S. 273

103 Verena Steiner: Exploratives Lernen – Der persönliche Weg zum Erfolg. Eine Anleitung für Studium, Beruf und Weiterbildung, aktualisierte und erweiterte Neuausgabe, München 2013, S. 185

104 Lutz von Rosenstiel: Grundlagen der Organisationspsychologie, Stuttgart 1992, S. 49

105 Lutz Walther: Standardgrammatik Englisch, Berlin, München 2010, S. 229

106 Bruce Wayne Tuckman: Development Sequences in Small Groups. In: Psychological Bulletin, June 1965, S. 384–399

107 Alain Lieury: Ein Gedächtnis wie ein Elefant – Tipps und Tricks gegen das Vergessen, Berlin, Heidelberg 2013, S. 243 ff.

108 Ebd., S. 10 u. 243 f.

109 Thomas Schaller: Die berühmtesten Formeln der Welt … und wie man sie versteht, Salzburg 2007, S. 112–113

110 Francois Jacob: The Possible and the Actual, New York 1982, S. 33 ff. Zit. nach: Eric Kandel: Auf der Suche nach dem Gedächtnis – Die Entstehung einer neuen Wissenschaft des Geistes, München 2006, S. 258–259

111 Johann Wolfgang Goethe, zit. nach Ludwig Reiners/Stephan Meyer/Jürgen Schiewe, Stilkunst – Ein Lehrbuch deutscher Prosa, München 1991, S. 240

112 Thomas Cathcart/Daniel Klein: Platon und Schnabeltier gehen in eine Bar... Philosophie verstehen durch Witze, 3. Aufl., München 2010, S. 59, 211

113 Bernardo Wagner: Didaktik der Elektrotechnik, Version 1.3, S. 30; http://www.zdt.uni-hannover.de/images/1/1e/Didaktik_skript_160402, Abruf 8.5.2011

114 Fachgruppe Wien der Kaffeehäuser (Hrsg.): Das Kaffee-ABC, www.wiener-kaffeehaus.at, Stand 30.3.2006

115 Verena Steiner: Exploratives Lernen – Der persönliche Weg zum Erfolg. Eine Anleitung für Studium, Beruf und Weiterbildung, aktualisierte und erweiterte Neuausgabe, München 2013, S. 153

116 Alain Lieury: Ein Gedächtnis wie ein Elefant – Tipps und Tricks gegen das Vergessen, Berlin, Heidelberg 2013, S. 123

117 Vgl. Hans Aebli: Zwölf Grundformen des Lehrens, 13. Aufl., Stuttgart 2006, S. 310–325; auch Gerhard Steiner: Wiederholungsstrategien. In: Heinz Mandl/Helmut F. Friedrich (Hrsg.): Handbuch Lernstrategien, Göttingen u. a. 2006, S. 104

118 Richard J. Gerrig/Philip G. Zimbardo: Psychologie, 18., aktualisierte Aufl., Hallbergmoos 2008, S. 254

119 Alain Lieury: Ein Gedächtnis wie ein Elefant – Tipps und Tricks gegen das Vergessen, Berlin, Heidelberg 2013, S. 118

120 Vgl. Joseph R. Jenkins/Robert Dixon: Vocabulary Learning. In: Contemporary Educational Psychology, 8/1983, S. 237–260; Alain Lieury: Ein Gedächtnis wie ein Elefant – Tipps und Tricks gegen das Vergessen, Berlin, Heidelberg 2013, S. 125

121 Vgl. Marvin Minsky: K-Lines: A Theory of Memory. In: Cognitive Science 4 (1980), S. 119 f.

122 Will Thalheimer: Spacing Learning Events Over Time:What the Research Says; http://wp.phase-6.com/wp-content/uploads/2013/06/Spacing_Learning_Over_Time__March2009v1_.pdf; Zugang am 19.5.2014, S. 43

123 Werner Metzig/Martin Schuster: Lernen zu lernen – Lernstrategien wirkungsvoll einsetzen, 8., aktualisierte Aufl., Heidelberg u. a. 2010, S. 135 ff.

124 Christoph Metzger: Lern- und Arbeitsstrategien – Ein Fachbuch für Studierende an Universitäten und Fachhochschulen, 3. Aufl., Aarau 2000, S. 61 f.

125 Cynthia S. Symons/Blair T. Johnson: The Self-Reference Effect in Memory: A Meta-Analysis. In: Psychological Bulletin, 121 (3), 1997, S. 371–394.

126 Martin Krengel: Bestnote: Lernerfolg verdoppeln – Prüfungsangst halbieren, 2. Aufl., Berlin 2012, S. 136 f.

127 Hans-Christoph Mertins/Markus Gilbert: Prüfungstrainer Experimentalphysik, 2. Aufl., Heidelberg 2011, S. 100–108

128 Helmut Felix Friedrich/Steffen-Peter Ballstaedt: Strategien für das Lernen mit Medien. In: Helmut Felix Friedrich et al. (Hrsg.): Multimediale Lernumgebungen in der betrieblichen Weiterbildung – Gestaltung, Lernstrategien, Evaluation, Neuß 1997, S. 194

129 Eberhardt Hofmann/Monika Löhle: Erfolgreich lernen – Effiziente Lern- und Arbeitsstrategien für Schule, Studium und Beruf, 2., neu ausgestattete Aufl., Göttingen u. a. 2012, S. 35–36

130 Helmut Felix Friedrich/Steffen-Peter Ballstaedt: Strategien für das Lernen mit Medien. In: Helmut Felix Friedrich et al. (Hrsg.): Multimediale Lernumgebungen in der betrieblichen Weiterbildung – Gestaltung, Lernstrategien, Evaluation, Neuß 1997, S. 229

131 Verena Steiner: Exploratives Lernen – Der persönliche Weg zum Erfolg. Eine Anleitung für Studium, Beruf und Weiterbildung, aktualisierte und erweiterte Neuausgabe, München 2013, S. 196

132 Wikipedia: Übung; http://de.wikipedia.org/wiki/%C3%9Cbung; Zugang an 31.3.2014

133 Gunther Karsten: So lernen Sieger – Die 50 besten Lerntipps, München 2012, S. 106

134 Vgl. Werner Metzig/Martin Schuster: Lernen zu lernen – Lernstrategien wirkungsvoll einsetzen, 8., aktualisierte Aufl., Heidelberg u. a. 2010, S. 42

135 Vgl. K. Anders Ericsson/Ralf T. Krampe/Clemens Tesch-Römer: The role of deliberate practise in the acquisition of expert performance. In: Psychological Review, 100/1993, S. 363–406

136 Elke Wild/Jens Möller: Pädagogische Psychologie, Heidelberg 2009, S. 21

137 Gerhard Steiner: Wiederholungsstrategien. In: Heinz Mandl/Helmut F. Friedrich (Hrsg.): Handbuch Lernstrategien, Göttingen u. a. 2006, S. 102

138 Alain Lieury: Ein Gedächtnis wie ein Elefant – Tipps und Tricks gegen das Vergessen, Berlin, Heidelberg 2013, S. 188

139 Gernot Häublein/Recs Jenkins: Lernkartei Thematischer Aufbauwortschatz Englisch, Stuttgart 2011

140 Gunther Karsten: So lernen Sieger – Die 50 besten Lerntipps, München 2012, S. 125–126

141 Verena Steiner: Exploratives Lernen – Der persönliche Weg zum Erfolg. Eine Anleitung für Studium, Beruf und Weiterbildung, aktualisierte und erweiterte Neuausgabe, München 2013, 272 ff.

142 Alain Lieury: Ein Gedächtnis wie ein Elefant – Tipps und Tricks gegen das Vergessen, Berlin, Heidelberg 2013, S. 100

143 Steven A. Sloman/C. A. Gordon Hayman/Nobuo Ohta/Janine Law/Endel Tulving: Forgetting in primed fragment completion. In: Journal of Experimental Psychology: Learning, Memory & Cognition, 14/1988, S. 223–239; Richard J. Gerrig/Philip G. Zimbardo: Psychologie, 18., aktualisierte Aufl., Hallbergmoos 2008, S. 250

144 Will Thalheimer: Spacing Learning Events Over Time:What the Research Says;http://wp.phase-6.com/wp-content/uploads/2013/06/Spacing_Learning_Over_Time__March2009v1_.pdf; Zugang am 19.5.2014, S. 39–40

145 Ebd., S. 42–43

146 Harry Bahrick/Linda Hall: The importance of retrieval failures to long-term retention: A metacognitive explanation of the spacing effect. In: Journal of Memoryand Language, 52/2005, S. 566–577.

147 Will Thalheimer: Spacing Learning Events Over Time: What the Research Says; http://wp.phase-6.com/wp-content/uploads/2013/06/Spacing_Learning_Over_Time__March2009v1_.pdf; Zugang am 19.5.2014, S. 44

148 In Anlehnung an: Josef Leisen: Begriffsnetz zum Thema elektrischer Strom, http://www.physik.uni-regensburg.de/didaktik/Vorl/Elementatisierung/Elementar_Grundlgn.pdf; Abruf 9.1.2012

Weiterführende Literatur

Böss-Ostendorf, Andreas/Senft, Holger: Alles wird gut – Ein Lern- und Prüfungscoach, Opladen, Toronto 2014

Esselborn-Krumbiegel, Helga: Leichter lernen – Strategien für Prüfung und Examen, 2., überarbeitete Aufl., Paderborn u. a. 2007

Heister, Werner: Studieren mit Erfolg: Effizientes Lernen und Selbstmanagement, 2. Aufl., Stuttgart 2009

Hofmann, Eberhardt/Löhle, Monika: Erfolgreich lernen – Effiziente Lern- und Arbeitsstrategien für Schule, Studium und Beruf, 2., neu ausgestattete Aufl., Göttingen u. a. 2012

Karsten, Gunther: So lernen Sieger – Die 50 besten Lerntipps, München 2012

Kossak, Hans-Christian: Lernen leicht gemacht – Gut vorbereitet und ohne Prüfungsangst zum Erfolg, Heidelberg 2006

Krengel, Martin: Bestnote: Lernerfolg verdoppeln – Prüfungsangst halbieren, 2. Aufl., Berlin 2012

Lange, Ulrike: Fachtexte, lesen – verstehen – wiedergeben, Paderborn 2013

Lehner, Martin: Viel Stoff – wenig Zeit. Wege aus der Vollständigkeitsfalle, 4., aktualisierte Aufl., Bern, Stuttgart, Wien 2013

Lehner, Martin: Didaktische Reduktion, Bern, Stuttgart, Wien 2012

Lieury, Alain: Ein Gedächtnis wie ein Elefant – Tipps und Tricks gegen das Vergessen, Berlin, Heidelberg 2013

Mandl, Heinz/Friedrich, Helmut F. (Hrsg.): Handbuch Lernstrategien, Göttingen u. a. 2006

Metzger, Christoph: Lern- und Arbeitsstrategien – Ein Fachbuch für Studierende an Universitäten und Fachhochschulen, 3. Aufl., Aarau 2000

Metzig, Werner/Schuster, Martin: Lernen zu lernen – Lernstrategien wirkungsvoll einsetzen, 8., aktualisierte Aufl., Heidelberg u. a. 2010

Schneider, Verena: Gut gelernt und Zeit gespart – Praktische Tipps und Übungen für effektives und erfolgreiches Lernen, Augsburg 2007

Schuster, Martin: Für Prüfungen lernen – Strategien zur optimalen Prüfungsvorbereitung, Göttingen u. a. 2001

Steiner, Gerhard: Der Kick zum effizienten Lernen – Erfolgreich und nachhaltig ausbilden dank lernpsychologischer Kompetenz, vermittelt an 30 Beispielen, Bern 2007

Steiner, Gerhard: Lernen – 20 Szenarien aus dem Alltag, 4. Aufl., Bern 2008

Steiner, Verena: Exploratives Lernen – Der persönliche Weg zum Erfolg. Eine Anleitung für Studium, Beruf und Weiterbildung, München, aktualisierte und erweiterte Neuausgabe 2013

Widulle, Wolfgang: Handlungsorientiert im Studium – Arbeitsbuch für soziale und pädagogische Berufe, Wiesbaden 2009

Sachregister